批判的社会理論の今日的可能性

Zur Aktualität kr[illegible]er Gesellschaftstheorie

永井 彰／日暮 雅夫／舟場 保之 編著

晃洋書房

凡例

ハーバーマスとホネットの著作からの引用に際しては、原著の略記号と頁数、および邦訳のある場合には邦訳書の頁数（漢数字）を本文中に記した。訳文は、適宜変更を加えた箇所がある。

ユルゲン・ハーバーマスの著作の略記号

DdM=*Der philosophische Diskurs der Moderne*, Suhrkamp, Frankfurt a. M. 1985.
（三島憲一・轡田収・木前利秋・大貫敦子訳『近代の哲学的ディスクルスⅠ・Ⅱ』岩波書店、一九九〇年）

EA=*Einbeziehung des Anderen*, Suhrkamp, Frankfurt a. M. 1996.
（高野昌行訳『他者の受容』法政大学出版局、二〇〇四年）

EzD=*Erläuterung zur Diskursethik*, Suhrkamp, Frankfurt a. M. 1991.
（清水多吉・朝倉輝一訳『討議倫理』法政大学出版局、二〇〇五年）

EuI=*Erkenntnis und Interesse*, Suhrkamp, Frankfurt a. M. 1968.
（奥山次良・八木橋貢・渡辺祐邦訳『認識と関心』未來社、一九八一年）

FuG=*Faktizität und Geltung*, Suhrkamp, Frankfurt a. M. 1992.
（川上倫逸・耳野健二訳『事実性と妥当性』未來社、（上）二〇〇二年、（下）二〇〇三年）

gW=*Der gespaltene Westen. Kleine politische Schriften X*, Suhrkamp, Frankfurt a. M. 2004.
（大貫敦子・木前利秋・鈴木直・三島憲一訳『引き裂かれた西洋』法政大学出版局、二〇〇九年）

iST=*Im Sog der Technokratie. Kleine politische Schriften XII*, Suhrkamp, Berlin 2013.
（三島憲一訳『デモクラシーか資本主義か　危機のなかのヨーロッパ』［部分訳］、岩波書店、二〇一九年）

MkH=*Moralbewußtsein und kommunikatives Handeln*, Suhrkamp, Frankfurt a. M. 1983.

（三島憲一・中野敏男・木前利秋訳『道徳意識とコミュニケーション行為』岩波書店、一九九一年）
ND II=*Nachmetaphysisches Denken II. Aufsätze und Repliken,* Suhrkamp, Berlin 2012.
NU=*Die Neue Unübersichtlichkeit,* Suhrkamp, Frankfurt a. M. 1985.
（川上倫逸監訳『新たなる不透明性』松籟社、一九九五年）
PpP=*Philosophisch-politische Profile,* Suhrkamp, Frankfurt a. M. 1971.
（小牧治・村上隆夫訳『哲学的・政治的プロフィール（上）（下）』未來社、一九八四年）
pT=*Philosophische Texte,* 5 Bände, Studienausgabe, Suhrkamp, Frankfurt a. M. 2009.
SÖ=*Strukturwandel der Öffentlichkeit,* Neuaufl., Suhrkamp, Frankfurt a. M. 1990.
（細谷貞雄・山田正行訳『公共性の構造転換（第二版）』未來社、一九九四年）
TkH=*Theorie des kommunikativen Handelns* (Bd. I, II), Suhrkamp, Frankfurt a. M. 1981.
（川上倫逸・M・フーブリヒト・平井俊彦・岩倉正博・藤澤賢一郎・徳永恂・平野嘉彦・山口節郎・丸山高司・丸山徳次・厚東洋輔・森田数実・脇圭平・馬場孚瑳江訳『コミュニケイション的行為の理論』（＝『理論』）、未來社、（上）一九八五年、（中）一九八六年、（下）一九八七年）
TGS=*Theorie der Gesellschaft oder Sozialtechnologie,* Suhrkamp, Frankfurt a. M. 1971.
（佐藤嘉一・山口節郎・藤澤賢一郎訳『批判理論と社会システム理論』木鐸社、一九八七年）
TuK=*Texte und Kontexte,* Suhrkamp, Frankfurt a. M. 1991.
（佐藤嘉一・井上純一・赤井正二・出口剛司・斎藤真緒訳『テクストとコンテクスト』晃洋書房、二〇〇六年）
VsE=*Vom sinnlichen Eindruck zum Ausdruck,* Suhrkamp, Frankfurt a. M. 1997.
WuR=*Wahrheit und Rechtfertigung. Philosophische Aufsätze,* Suhrkamp, Frankfurt a. M. 1999/2004.
（三島憲一・大竹弘二・木前利秋・鈴木直訳『真理と正当化——哲学論文集——』法政大学出版局、二〇一六年）
zLS=*Zur Logik der Sozialwissenschaften,* Suhrkamp, Frankfurt a. M. 1982.
（清水多吉・木前利秋・波平恒男・西阪仰訳『社会科学の論理によせて』国文社、一九九一年）
ZmN=*Die Zukunft der menschlichen Natur. Auf dem Weg zu einer liberalen Eugenik?,* Suhrkamp, Frankfurt a. M. 2001.
（三島憲一訳『人間の将来とバイオエシックス』法政大学出版局、二〇〇四年）
zNR=*Zwischen Naturalismus und Religion. Philosophische Aufsätze,* Suhrkamp, Frankfurt a. M. 2005.

（庄司信・日暮雅夫・池田成一・福山隆夫訳『自然主義と宗教の間——哲学論集——』法政大学出版局、二〇一四年）
zVE=*Zur Verfassung Europas. Ein Essay*. Suhrkamp, Berlin 2011.
（三島憲一・速水淑子訳『ヨーロッパ憲法論』法政大学出版局、二〇一九年）

アクセル・ホネットの著作の略記号

AG=*Das Andere der Gerechtigkeit. Aufsätze zur praktischen Philosophie*, Suhrkamp, Frankfurt a. M. 2000.（加藤泰史、日暮雅夫ほか訳『正義の他者——実践哲学論集——』法政大学出版局、二〇〇五年／〔新装版〕法政大学出版局、二〇一三年）
AU=Anerkennung oder Umverteilung? Veränderte Perspektiven einer Gesellschaftsmoral, in: *Die Wirtschaft in der Gesellschaft*, hrsg. v. Ulrich, Peter / Maak, Thomas, Paul Haupt, Bern/Stuttgart/Wien, 2000.
AW=「批判的社会理論の承認論的転回——アクセル・ホネットとのインタビュー——」（アクセル・ホネット・日暮雅夫・岩崎稔、永井彰・日暮雅夫編著『批判的社会理論の現在』所収、晃洋書房、二〇〇三年）
IiW=*Das Ich im Wir. Sudien zur Anerkennungstheorie*, Suhrkamp, Berlin, 2010.（日暮雅夫／三崎和志／出口剛司／庄司信／宮本真也訳『私たちのなかの私——』法政大学出版局、二〇一七年）
IS=*Die Idee des Sozialismus. Versuch einer Aktualisierung*, Suhrkamp, Berlin, 2015.（日暮雅夫／三崎和志訳『社会主義の理念——現代化の試み——』法政大学出版局、二〇二一年）
KM=*Kritik der Macht. Reflexionsstufen einer kritischen Gesellschaftstheorie*, Suhrkamp, Frankfurt am Main, 1986.（河上倫逸監訳『権力の批判——批判的社会理論の新たな地平——』法政大学出版局、一九九二年）
KuA=*Kampf um Anerkennung. Zur moralischen Grammatik sozialer Konflikte*, Suhrkamp, Frankfurt a. M. 1992 (neue Auflage 2003).（山本啓、直江清隆訳『承認をめぐる闘争——社会的コンフリクトの道徳的文法——』法政大学出版局、二〇〇三年／〔増補版〕法政大学出版局、二〇一四年）
LaU=*Leiden an Unbestimmtheit. Eine Reaktualisierung der Hegelschen Rechtsphilosophie*, Reclam, Stuttgart 2001.（島崎隆・明石英人・大河内泰樹・徳地真弥訳『自由であることの苦しみ——ヘーゲル『法哲学』の再生——』未來社、二〇〇九年）
RF=*Das Recht der Freiheit - Grundriß einer demokratischen Sittlichkeit*, Suhrkamp, Frankfurt a. M. 2011.（＝『自由の権利』）
RoR=*Redistribution or Recognition?: A Philosophical Exchange* (Fraser, Nancy / Honneth, A., tr. by Golb, J., Verso, UK,

2003).（ナンシー・フレイザーとの共著、加藤泰史監訳『再配分か承認か？――政治・哲学論争――』法政大学出版局、二〇一二年）

U=*Unsichtbarkeit. Stationen einer Theorie der Intersubjektivität*, Suhrkamp, Frankfurt a. M. 2003.（宮本真也、日暮雅夫、水上英徳訳『見えないこと――相互主体性理論の諸段階について――』法政大学出版局、二〇一五年）

UoA=*Umverteilung oder Anerkennung?* (mit Nancy Fraser), Suhrkamp, Frankfurt a. M. 2003.（RoRのドイツ語版）

V=*Verdinglichung. Eine anerkennungstheoretische Studie*, Suhrkamp, Frankfurt a. M. 2005. [eine um Kommentare erweiterte Ausgabe erschien bei Suhrkamp, Berlin 2015]（辰巳伸知、宮本真也訳『物象化――承認論からのアプローチ――』法政大学出版局、二〇一一年）

目次

第Ⅱ部　ホネット理論の展開

序　論

批判的社会理論の今日的可能性

永井　彰・日暮雅夫・舟場保之

1　ハーバーマスをいまどのように読むか

（1）社会学の視点から

本書は、ユルゲン・ハーバーマス（第Ⅰ部）とアクセル・ホネット（第Ⅱ部）を中心に、批判的社会理論と総称される理論プログラムの今日的可能性を探求するものである。ハーバーマスの理論については、その全体像の確定や総合的な評価がなされてよい段階になった。たしかにハーバーマスは、現役の書き手であり、二〇一九年には、西洋における信仰と知の関係をめぐって、一七〇〇ページを超える大著が公刊されたばかりである。それに加えて今後未公刊の文献が公開されることも、十分に考えられる。その点からすると、ハーバーマスが何を書いたかという事実の確定は当面できそうもない。学説史研究の観点からは、まだ題材が出尽くしたとはいえない。しかし、ハーバーマスの理論をどのように理解し、そのように評価するかといった理論的な課題に限ると、その検討のための材料はほぼ出揃ったといってよい。

ハーバーマス理論の全体像を探るということの課題を追究するうえでの一つの補助線として、ホネットの業績を参照することは、きわめて有益である。ホネットは精力的に作品を公刊し続け、その仕事が大きく展開した。それにより、ホネットがどのような理論をめざしているのかがかなりはっきりしてきた。そして、ハーバーマスとホネットの理論的な方向性の違いが、かなり明確になってきた。このこともハーバーマスの仕事を理解するうえでヒントになるし、ホネット理論との差異から、ハーバーマス理論の独自性を浮き彫りすることができる。

ハーバーマス研究においては各論への展開をたどることも重要な課題である。他方で、全体像を探りその評価を企てるというのも今日的な課題となりうる。第Ⅰ部の各章では、第1章を除き、ハーバーマスにかかわる個別テーマを扱うが、その前段階として、序論のこのパートでは、あらためてハーバーマスの理論の基本的特徴を確認したい。

① ハーバーマス理論の鍵概念としてのコミュニケーション行為

コミュニケーション行為という考え方は、ハーバーマス理論の根幹に位置している。それは、社会理論に限らず、道徳理論などさまざまな理論的思索を通底する着想となっている。コミュニケーション行為理論は、一九七〇年代の十年間に彫琢され、一九八一年の『コミュニケーション行為の理論』において完成形にいたるが、その後も、若干の修正や変更がなされている。ただし、この変更は微調整にとどまり、基本的な考え方は一九八一年に示されたものが維持される。

ここでは、コミュニケーション行為にかかわる基本的な考え方を確認するという目的のため、細部においては『理論』で示された考え方や用語法をもとに議論を進めておく。コミュニケーション行為とは、意思疎通に指向した行為であり、成果に指向した行為としての道具的行為や戦略的行為と対比される。ここでは、対話関係にある複数の行為者が想定されており、そうした行為者は、まず相手との了解を達成しようとし、その了解にもとづいて何らかの目的を達成しようとする。他方、成果に指向した行為のばあい、まず目的を立て、その実現に向けて行動する。

そのさい、戦略的行為のばあいのように他者が存在することもあるが、その他者は対話の相手ではなく、あくまでも自己の目的達成のための手段や条件として認知される。ここで問題となるのは、了解の持つ独特の意味内容である。了解においては、発言内容を対話の当事者双方が自発的に受け入れている。それでは、当事者たちは発言をなぜ受け入れるのか。それは、発言内容を納得したからだとされる。つまり了解は、当事者たちがその内容を認知し、その妥当性を認めることで成立するとされる。そして、発言内容の妥当性を認めてそれを受け入れたのなら、そこで成立したこの了解に従う義務が発生する。このことにより、了解というものが、行為を人々のあいだで整合させる機能を持つことになるとされる。

ハーバーマスは、コミュニケーション行為の論理構造を妥当性要求の概念と関連づけることで説明する。つまり、コミュニケーション行為においては、批判可能な妥当性要求が掲げられており、それが相互承認されることによって、コミュニケーション行為が成立するとされる。ここで、妥当性要求を掲げるとはどのような事態を指しているのか。それは、対話のなかでその発言が妥当性を有すると要求ないし主張することである。そのさい、妥当性要求には批判可能だという重要な特徴がある。つまり、自分の側の意見の一方的に押し付けるのではないということであり、相手からの批判につねに開かれているということである。この事態を敷衍するなら、次のように表現できる。話し手は、聞き手にたいして、「自分はみずからの発言が妥当性を有すると考えているがそれを受け入れるか」と問いかける。それにたいし、聞き手は、イエスまたはノーと応答することができる。ただし対話は、たがいに相手の応答を期待しているので、対話におけるノーは拒否ではなく批判として理解される。そこで、話し手は、それでもみずからの発言が妥当性を有すると考えるのであれば、論拠を示し反駁することになる。もし論拠を示せないのであれば、その批判を受け入れて発言を修正ないし撤回することになる。

この意味において、コミュニケーション行為とは、そこに掲げられた妥当性要求の相互承認に基づいてなされている行為として定式化されることになる。ただし、そのさい重要なのは、コミュニケーション行為においては、妥当性要求そのものが必ずしも主題化される必要はないという点である。対話のなかで妥当性要求そのものが主題化されるばあい、それは討議ないし論証と呼ばれる。つまり、コミュニケーション行為と討議ないし論証とは概念的に区別されている。コミュニケーション行為の連関において、その発言に疑問が付されなければ、発言内容の妥当性が対話のなかで吟味されることはない。しかし、そのばあいであっても、潜在的には、妥当性要求は掲げられ、承認されていると考えられているのである。コミュニケーション行為にとって不可欠なのは、必要なばあいには討議ないし論証に移行できるということだけである。この点において、コミュニケーション行為と討議ないし論証とは階層構造にある。あるいは、討議ないし論証はコミュニケーション行為の再帰的形態として特徴づけることができる。(1) コミュニケーション行為は、第一義的には日常的な行為連鎖のなかにある行為のことが想定されている。この連鎖をいったん中断し、発言内容の妥当性を吟味する対話が、討議ないし論証とされている。

こうした日常の行為連鎖における行為整合のメカニズムについて、ハーバーマスは次のように説明している。行為者のあいだで了解が成立することによって行為整合がなされるのだが、そのつど妥当性を確認しているわけではない。そこでさしあたりなされているのは、必要なばあいには妥当性要求の認証をおこなうことの保証である。日常の行為連鎖においては、そもそも妥当性要求を主題化するとは限らないし、そこで妥当性要求が妥当であることの論拠を示すとは限らない。そうであっても、妥当性、妥当性要求、妥当性要求の認証の三者のあいだに論理的な連関が存在しているのであり、行為連鎖の過程において潜在的には妥当性要求が作動しており、了解が成立し、行為が結びつくととらえられる。

② コミュニケーション行為概念と社会概念との接続

ハーバーマス理論にとって、もう一つのポイントは、コミュニケーション行為を基点とした社会理論の構想である。まずコミュニケーション行為によって再生産される意味世界として生活世界が位置づけられる。そのさい、コミュニケーション行為と生活世界とは相補概念の関係にあるとされる。つまり、コミュニケーション行為は生活世界を資源として利用することによって成立する。他方において、生活世界のシンボル構造は、コミュニケーション行為によってのみ再生産される。それをふまえて、生活世界から自立化し物象化した行為連関としてシステムがとらえなおされる。システムは生活世界との対比で特徴づけられており、生活世界はコミュニケーション行為によって再生産される意味世界であることから、この社会概念そのものの基点がコミュニケーション行為だということができる。

③ コミュニケーション行為概念を理解するうえでのポイント

ここまでの記述をふまえて、コミュニケーション行為概念をめぐる重要な論点を確認しておきたい。第一に、コミュニケーション行為は、日常的な対話関係を想定しているということである。妥当性要求を主題化する討議ないし論証とは、区別されている。第二に、コミュニケーション行為概念は、社会学における行為概念の転換をもたらした。つまり、目的活動（目標達成を目指した行為）からコミュニケーション行為への転換である。行為については、社会学では、マックス・ウェーバーによる定義が有名である。つまり、行為とは主観的意味を結びつけているところの行動だという規定である。[2]このばあい行為とは、主体がまずあって、その主体が意図を持ち、外界へと働きかけると行動することだと考えられる。他方、コミュニケーション行為においては、主体の外界への働きかけではなく、複数の行為者間の対話（言語をつうじた意思疎通）が論理的出発点となっている。コミュニケーション行為という行為類型においては、行為主体によって目的がはじめに設定されるのではなく、行為者間の対話がなされ、そのやりとりのなかではじめて当事者たちがめざす目的が定まるという論理が考えられている。第三に、この論点とのかかわりで、意識を出発点とする思考法から言語をつうじたやりとりを基盤とする思考法への転換がはかられている。このことをハーバーマスは、「意識哲学」から「言語哲学」へと特徴づけている。

第四に、コミュニケーション行為概念は、行為整合（自我と他我のあいだの行為の整合）における妥当性という契機を浮き彫りにしている。すでに説明したように、コミュニケーション行為は妥当性要求の相互承認にもとづくとされる。そして、妥当性要求を当事者双方が認めているというのであれば、そこで成立した了解にともなって義務が発生し、この義務に従うよう当事者たちを動機づける。このばあい当事者たちは、発言に外在する強制力を計算しているのではない。あくまでも発言内容に納得することによって、つまりは発言そのものが含意する妥当性を認めることによって、その合意内容を守らなければならないとする義務が生じるわけであり、これをハーバーマスは、経験的動機づけと対比して合理的動機づけと特徴づけている。意思疎通関係のなかに妥当性という契機が介在することを、ハーバーマスはコミュニケーション合理性として特徴づける。そして、コミュニケーション行為をとおして生活世界が再生産されるということをつうじて、社会の再生産のなかにも妥当性という契機が組み込まれ、コミュニケーション合理性が社会のなかに組み込まれる。もちろん社会は生活世界とシステムとから成り立つとされているわけであり、コミュニケーション合理性が直接的にかかわるのは社会全般ではなく生活世界に限られる。またコミュニケーション合理性は、日常的な行為連関における人々の自発的な行動に依拠しているから、生活世界においてつねに発揮されるというわけでもない。しかし、それでも、コミュニケーション合理性という着想を社会理論に組み込んだことは、他の有力な社会理論にはない独自の視点であり、社会理論への重要な貢献である。この論点は、社会を内側から変革する論理を析出し、解明するための重要な手掛かりを提供する。

第五に、社会概念との接続がコミュニケーション行為概念の深化に重要な影響を与えたということを指摘することができる。一九七〇年代のハーバーマスは、コミュニケーション行為が作動する論理を説明する文脈において理想的発話状況という概念を用いていた。理想的発話状況とは、「コミュニケーションが外的で偶発的な影響によってばかりでなく、コミュニケーションの構造それじたいから生じる強制によっても妨げられないような発話状況」（TGS137 一六四）のこととされる。ここでハーバーマスは、このような強制をもたらさない条件として「すべての可能的な関与者にとって言語行為を選択し遂行するチャンスの対称的な配分が与えられている」（TGS137 一六五）ことをあげた。ただしハーバーマスは、理想的発話状況が実在しているといっているわけではない。理想的発話状況とは、われわれが意思疎通するさいにおこなっている先取りだというのである。現実には、相手と対等に対話できる条件が整っているとは限らない。しかし、対等に対話できる状況を現実に想定することで、相手との意思疎通が可能になり、偽りの合意と真の合意を区別することができるというわけである。これは、現実に作動する意思疎通の論理についての説明であり、当事者は実際にこのような想定をしているとする。しかし、『理論』においては、理想的発話状況概念は事実上姿を消す。少なくとも、このような説明の論理が持ち出されることはない。すでに見たように、コミュニケーション行為とは、発言内容が明示化され、そこで掲げられている妥当性要求をそれぞれが自発的に承認するという対話関係のことであるから、ここにはすでに対等の関係が含意されている。一九七〇年代のハーバーマスは、この対等性を担保する論理として理想的発話状況の概念を持ち出した。しかし『理論』のハーバーマスは、そうした説明の論理は使わない。コミュニケーション行為には対等な関係が含意されているという以上の説明は不要ということであろう。コミュニケーション行為の規定としてはそれで十分である。もしそれ以上の説明が必要だとすると、それは生活世界の問題となる。コミュニケーション行為は、社会概念と接続することで、生活世界のなかに根を持つことになる。何が妥当であるのかについては、生活世界のなかの行為者が、いま・ここという基点から確認していくしかない。もし本当に対等な関係が成り立っているかという問いを立てるならそれは生活世界の問題とならざるをえず、この問いは、最終的には経験的に決着を付けるしかない。

われわれは先に、コミュニケーション行為の概念は『理論』において完成形になったと述べた。それは、コミュニケーション行為が日常的な行為を説明する概念として確立したということを念頭に置いている。そのさい、理想的発話状況概念の放棄は重要なメルクマールになっている。

④ コミュニケーション行為理論の社会学的含意

コミュニケーション行為についての着想は、『事実性と妥当性』の議論において継承されていく。ここでは、コミュニケーション行為理論の継承という論点に限定して、『事実性と妥当性』におけるいくつかの概念について検討し、その社会学的な含意について明らかにする。そして、そのことによりコミュニケーション行為という着想のもつ理論的意義について確認したい。

この文脈において重要なのは、討議原理の概念とコミュニケーション的自由の概念である。ハーバーマスは、『事実性と妥当性』において、討議原理について次のように定式化している。すなわち、「妥当なのは、すべての関与しうる者が合理的討議の参加者として同意しうる行為規範である」（FuG138（上）一三六）。ハーバーマスによると、この命題は、ポスト慣習的な根拠づけの必要ということを表現している。近代社会においては、伝統によって、あらかじめ何らかのことを正しいとみなすことは、もはやできない。宗教的な基盤によって、規範の正当性を根拠づけることはできない。何が正当なのかは、最終的には人々が対話をとおして取り決めていくほかない。このことを討議原理は表現している。

ハーバーマスは、コミュニケーション的自由について次のように説明している。コミュニケーション的自由とは、相手の発言にたいして、イエスまたはノーの形で何らかの態度を決定する自由のことであり、つまりは相手の発言によって掲げられている、間主観的な承認に依拠した妥当性要求にたいして何らかの態度をとる可能性のことである。この可能性は、意思疎通に指向した行為においてはたがいに前提とされている。そして、コミュニケーション的自由は、発語内の義務に結びついているのであり、間主観的な関係に依存している（FuG152-3（上）一四八-五〇）。この議論には次のような含意がある。①出発点は人々のあいだの意思疎通関係であり、そこで許容されているのはコミュニケーション的自由である。人々は、たがいに了解をめざし、発言において批判可能な妥当性要求を呈示する。それにたいしてイエス／ノーの態度決定をするというのが、コミュニケーション的自由とされる。意思疎通の関係においては、妥当性との関連においてのみ、発言の首肯性を相手に受け入れさせることができるし、妥当性との関連においてのみ、反駁することができる。コミュニケーション的自由は、恣意の表明ではない。②意思疎通関係における了解から発語内の義務が発生する。了解は、妥当性要求の相互承認にもとづく。このばあい当事者は、発言の妥当性を自発的に承認しているのであり、そこから了解内容にしたがう義務が発生する。③まず自由な主体を想定し、そうした主体のあいだで交渉がなされるという像が描かれがちである。しかし、この自由な主体（あるいは主体の自由）というものは、法（近代法）を前提にしている。法が、権利を保障する。権利が、一定の範囲内で主体の行為自由を許容する。

この①から③の論理で重要なのは、もともと前提にできるのはコミュニケーション的自由だけであって、主体の行為自由ではないということである。行為の自由というのは、無条件に前提してよいものではない。初期状態で想定してよいのは、意思疎通に指向して応答する自由だけである。主体の行為自由が成立するには、法の存在が不可欠である。この論理に依拠するなら、主体の行為自由はあくまでも二次的なものと位置づけられる。

『事実性と妥当性』で示されたこれらの概念から、社会学的に興味深い二つの論点が示される。その一つは、コミュニケーション的自由の考え方は、近代的主体を再考する視点を提示しているということである。近代を特徴づけてきたのは、主体の自由を出発点とするという思考法であった。しかし、意思疎通関係を出発点とする論理構成によって、この思考は相対化される。自由な主体や主体の自由は近代法を前提としてはじめて析出されるものであり、所与の前提ではない。ハーバーマスの論理はこのことを明示化した。もう一つは、近代の規範の特徴づけについてである。討議原理の構想は、ポスト慣習的な根拠づけの必要を表現している。伝統によって規範の正統性が担保できなくなったとき、そこに残された手立ては、討議によって何が正当かを取り決めていくほかない。ハーバーマスによって示されているのは、意思疎通における妥当性要求の相互承認およびそれをつうじた義務の発生という地点から規範をとらえかえすという論理構成である。他方、ウェーバーが脱呪術化した世界に見たものは「神々の闘争」

つまり永遠の価値対立であった。(3) ウェーバーにとって（そしてタルコット・パーソンズにとっても）、伝統が崩壊した世界をとらえる基礎概念は、価値であった。しかし、そもそも価値という規範は、私や私たちが選び取るものであり、自由な近代的主体を前提とするものである。ここを出発点とする限り、どのような価値を選択するかは個人の自由なのだから、それをいかにして調停するのかという議論にしかならない。ハーバーマスのコミュニケーション行為理論の論理構成は、この出発点そのものを相対化することを可能にする。

（2）哲学の視点から

ハーバーマスは、『真理と正当化』「序論」冒頭で記すように、実に『認識と関心』（一九六八年）以来、主題化してこなかった理論哲学―言語哲学上の問題を、この一九九九年に初版が出版された（パトナム論が加えられ二〇〇四年に第二版が刊行された）著作において論じている。この三十年の間に展開されたコミュニケーション理論や討議理論も、また討議理論に依拠して論じられた法論、民主制論、体制論も、いずれも理論哲学が伝統的に取り扱ってきた存在論や認識論、また言語哲学的な意味論や語用論と無関係ではなかった。著作で言えば、『理論』も『ポスト形而上学の思想』（一九八八年）も、『事実性と妥当性』も『他者の受容』も、いずれも理論哲学的―言語哲学的前提を伴うことなく公共圏に姿を現すことはなかった。ところがこの間、ハーバーマス自身によってこれらの前提に焦点が当てられ、論じられることはなかったのである。では、ここで明らかにされる理論哲学的―言語哲学的前提とはいったいどのようなものであるのか。まずは、ハーバーマス自身が必ずしも明確に論じているわけではない部分を補いながら、その脱超越論化の方向性から始めたい。(4)

①脱超越論化

ハーバーマスは、デカルト以降の認識理論上の重要な問いを、私たちはいかにして自分たちの知の確実性を確かめることができるのかという点に見ている。カントの超越論哲学では、認識主体の仕様に合わせて表象される客体が認識の対象であり、認識主体の都合に合わせた条件が満たされるときにのみ認識が成立する。こうして経験一般を成立させる超越論的主体こそが、知の確実性を保証することになる。ただし、超越論的主体そのものが認識の対象となることはない。超越論的主体によって確実性が保証される認識の対象は現象と呼ばれるが、超越論的主体自身は現象ではない。この超越論的差異は、超越論的認識によって明らかにされる認識の仕方が妥当性をもつ領域ともたない領域との区別（Kritik）を含意している。ハーバーマスは、ポスト形而上学の立場から、超越論的主体を現象の背後に求めることはしないが、ある種の「超越論的……問題設定を放棄せず」（WuR 32 二八-九）、したがって「世界と世界内的なものの超越論的差異を保つ」（WuR 37 三五）ので、認識の確実性を確保するための条件が及ぶ領域とその条件が及ばない領域を区別する点は、カントを引き継いでいると言える。

ハーバーマスは、『真理と正当化』所収の「脱超越論化の道」と題する論文において、カントの超越論哲学を批判し脱超越論化という思想運動の先鞭をつけた哲学者として、ヘーゲルを高く評価している。同様の評価は、二〇一九年六月にフランクフルトで行われた九〇歳記念講演においてもなされている[5]。ハーバーマスの解釈によれば、ヘーゲルは「カントの超越論的主体を現実の世界という文脈に連れ戻した」（WuR 186 二二六）。現実の世界においては複数の主体が生きており、これらの主体は、それぞれが他の主体と「媒体」を通じて関係をもつことによって、はじめて自分自身の意識を形作ることができる。また主体と客体は、出会う以前にやはり「媒体」によって両者の関係がすでに構造化されている。このように間主観性を形成し、関係項としての主体と客体を形成する「媒体」のひとつは、ヘーゲルによれば「言語」である。したがって、語用論的転回を果たすことによって、超越論的主体を切り札とする超越論哲学を脱しようとするハーバーマスが、ヘーゲルを好意的に評しても不思議はないだろう。前述のとおり、ハーバーマスのコミュニケーション論においては、複数の対話者が妥当性要求を掲げ合い、場合によっては討議を介してこれらの要求を認証し合い、妥当性に関して合意形成を行う。認識の妥当性は、間主観的な合意によって保証されることになるわけである。

脱超越論化をめぐって、カント的でもありヘーゲル的でもあるハーバーマスの見地は、脱超越論化を図る現代哲学の潮流と対比することによって、一層鮮明になる。

② 弱い自然主義と認識的実在論

現代哲学において、カント的な超越論哲学を脱して議論を展開する代表的な立場としてハーバーマスが言及するのは、クワインとハイデガーである。そのうち、ハーバーマスが多くの紙幅を割き、検討を加えているのは、各共同体において通用している存在了解を言語による世界開示の意味アプリオリに従属させ、言語論的転回を果たしつつ客観的経験の条件を存在史に求めるハイデガーの「秘境的な」（WuR 36 三三）構想ではない。ハーバーマスが自らの立場を「弱い自然主義」と呼ぶ際に、比較の対象となるのは、「厳密な自然主義」（WuR 32 二九）とみなされるクワインの議論である。

ハーバーマスの見るところ、クワインに代表される厳密な自然主義においては、認識の可能性は科学主義的に理解され、すべての認識が最終的には経験科学的な手続きによって説明されることになる。こうした立場を、超越論哲学の問題構成から論じ直すと次のように言うことができるだろう。確実性が説明されることになるのは因果論的―自然科学的認識であり、認識の客体とは因果論的―自然科学的対象である。ところが、このような説明はすべての認識に及ぶものと考えられるため、因果論的―自然科学的認識を行う主体自身の脳の活動についての知がまた、自然科学的に説明されることになる。上述のように、カントの超越論哲学においては、確実性をもった認識の仕方が説明されることによって、その認識の及ぶ領域が確定されると同時に、認識の及ばない領域も想定されていた。それゆえ、『純粋理性批判』において自然科学的認識の妥当性が明らかにされるとともに、あるいは明らかにされるとしても、他の著作において自然法則とは異なる規範が妥当性をもちうる領域について論じる余地があった。しかし脱超越論化を果たす厳密な自然主義は、世界内的なものと世界内的なものを可能にするものとの差異を解消する。因果論的―自然科学的認識が妥当性をもたない領域などないことになる。「私たちの規範的営為は、世界内における観察可能な出来事と客観主義的に同一視」（WuR 33 三〇）されるのである。ハーバーマスが厳密な自然主義をとらないことの意味は、実にここに見出すことができるだろう。自然法則が妥当性をもち自然科学的認識が成立することを全面的に否定するわけではなく、かつ自然法則が妥当性をもち自然科学的認識が成立することだけを全面的に肯定するわけではないとすれば、ハーバーマスは弱い自然主義という立場をとることになる。このことは、実在論という視点からすれば、ハーバーマスがブランダムに帰される概念実在論に異を唱えながら、自らは認識的実在論を選択することに符合している。

ハーバーマスが批判する概念実在論は、生活世界において認識を形成するためのツールが世界そのものの構造でもあると考える立場である。ここでは、世界は言明の構造と相同的に構成されていると想定されている。しかし、ハーバーマスが具体的に論じるところによれば、「カエサルは暗殺された」という言明に関して合意が形成されたとき、カエサルが暗殺されたことはひとつの事実となるのだが、この事実そのものが世界の中に生じてくるわけではない。カエサルの暗殺というできごとと、合意によって形成される事実とは異なっているのである。概念実在論では、ローティが批判的に論じた認識の鏡像モデルが前提されており、このとき経験は、実在する事態をそれに対応する言明内容へと変換する「浸透膜のような」（WuR 43 四二）媒体にすぎなくなってしまう。厳密な自然主義が超越論的差異を解消するように、概念実在論は、主体と主体の間で共有され合意形成が行われる生活世界と、私たちの行動に制限を課し、ときに抵抗を示す対象の世界との間の敷居を取り払ってしまう。ハーバーマスによれば、これらふたつの世界のうち、私たちにとっては前者が認識論的に優位し、後者が存在論的に優位するが、しかし認識論上の優位が存在論的優位を掘り崩すようなことがあってはならない。「私たちが世界内の何かと接することによって得られる言語の形式をした情報と、私たちが経験的に接触する当のものである情報源そのものとは混同されてはならない」（WuR 44 四一）、というわけである。こうして、認識論的に優位するものと存在論的に優位するものとの両立を可能にする立場として、認識的実在論が主張されることになる。

ハーバーマスは、生活世界における認識活動を、繰り返しプラグマティズムの視点から学習と関係させて論じる。言語能力と行為能力をもつ主体は、学習能力を備えている。ある行為がうまくいかず期待外れに終わるとき、それまで通用していた認識の間主観的妥当性に疑問がもたれることになり、ディスクルスの次元において修正案がもち出され、合意形成ののち、認識が更新される。不首尾に終わった行為をきっかけとして、学習が行われたことになる。言うまでもなく、こうした学習は可謬的であり、更新された認識を前提として行われる行為が再び現実による抵抗に遭い、間主観的妥当性に懐疑が生じ、ディスクルスを経て従来の認識は上書きされる可能性がある。「経験判断は学習過程の中で形成され、問題解決の中から生まれる」（WuR 37 三四）。このように経験とは、言語による分節化を更新する学習が繰り返される過程にほかならず、実在する事態をそれに対応する言明内容へと変換する浸透膜のような媒体として理解されるなら、こうした構築的な側面が見落とされてしまうだろう。しかしまた、まさしく認識が更新されると言えるためには、認識が更新される前もされた後も同一である指示対象が想定されなければならない。このような指示対象が、言語的に分節化された認識からは独立するものとして想定されるからこそ、学習や更新について語ることができるのである。「鉄には磁性がある」（MkH 70 一〇〇）という言明に従って行為する中で、今後、何らかの支障をきたすことが生じたとして、ディスクルスにおいて、他の説明（「鉄にはX性がある」）を採用した方が鉄を的確に性格づけることができ、行為において問題を生じさせないことが明らかにされ、合意が形成されたとすれば、主体間の認識は「鉄にはX性がある」と変更される。「鉄には磁性がある」が妥当性をもつのか、それとも「鉄にはX性がある」が妥当性をもつのかは、間主観的な合意にもとづく認識に相対的であり、鉄の性質についての認識に関して変更が行われたと言えるためには、いずれの言明もそれぞれの妥当性に依存することのない同一の指示対象（「鉄」）を前提しなければならないのである。

③非認識的真理概念

以上のように、ハーバーマスのコミュニケーション理論では、生活世界において合意形成された事柄が妥当性をもつが、しかしそれは行為の局面において疑問視され、認識の変更に至る可能性を含んでいる。認証を経て妥当性に関して合意が達成されても、場合によってはその合意にもとづく認識を覆す内容をもった妥当性要求が掲げられ、認証を経て合意が再形成され認識が更新されうるということである。むろん、合意形成を目指す討議が不十分な仕方で行われた結果、一度形成された合意に対して異議申し立てが行われ、新たな合意が形成されるということは十分にありうるだろう。しかし、いかに理想的条件下で「＜p＞が十分に正当化されていたとしても、それが間違いだとわかる可能性は残る」（WuR 51 四九）。驚くべきことにハーバーマスは、『真理と正当化』「序論」において、真理概念について修正を加えている。（修正以前の真理概念については、本書第5章を参照）。

修正前の真理概念は、「認識的」（epistemisch）なものであった。これは、妥当性要求の認証と合意を通じて正当化された言明は真であり、したがって真理が認識されることとして理解されていたことを意味している。もちろん、どのような正当化によっても真理の認識が手に入るというわけではなく、理想化された条件を満たしたうえでなされる正当化である必要がある。しかし理想的な正当化であるなら、正当化によって真理が得られるのだとすると、そのとき認識は実在に届き、世界を言い当てていることになる。ところがそれでは、厳密な自然主義や概念実在論の想定するところと変わらないことになる。ハーバーマスは、その理論哲学的立場を主題化し、脱超越論化の方向をとりつつ厳密な自然主義も概念実在論もとることはせず、明確に、言明の正当性と真理性はあくまで異なるとする立場を選んでいる。行為の場面において現実からの抵抗に遭い、それまで受容されていた認識の妥当性が疑わしくなり、行為からディスクルスへと移行し、言明の妥当性が討議の対象とされるが、討議において一度は正当化され合意された言明の妥当性が繰り返し問い直されるのだとしたら、正当化の作業は、逆にいかなる正当化をも超えた準拠点を必要とするだろう。現実的には、＜p＞が妥当性をもつことについて異論が出なくなれば、正当化はひとまず成功したことになるが、しかし〈p〉が可謬的であることに照らすならば、正当化された言明が真理を意味することになるわけではない。真理とは、それなしには正当化の営みが無意味になるような、正当化の営みが獲得を目指すあらゆる正当化を超えたものであるが、またそのようなものとして認識の対象とはなりえない。それゆえハーバーマスは、正当化のコンテクストを超えるとともに正当化に際しての準拠点でもある「非認識的」(nicht-epistemisch) な真理概念を「修正案」(WuR 51 四九) として提出することになる。

最後に、規範の問題に関してハーバーマスがとる立場について、一言しておこう。自然主義をとりつつ規範について論じようとする仕方としては、事実と価値と規範を重ね合わせて考える方向性がありうるだろう。こうした潮流が採用することになる道徳的実在論は、しかしハーバーマスがとるところではない。規範の妥当性に関しては、正当化を超越するような準拠点はなく、ディスクルスにおける正当化を通じた合意形成のみが意味をもつ。こうした構築主義は、規範理論としてはある意味では非常に脆弱に映るかもしれないが、この脆弱性を補うため、ハーバーマスによって歴史法則が語られ歴史哲学が展開されることはない。ハーバーマスが主張するのは、規範を形成するための手続きが書き込まれている憲法に則り、憲法の理念を具体化することに尽きる。規範形成に関していわば準拠点の役割を果たす憲法を、手続き主義的にプロジェクトとして捉えるハーバーマスが、哲学的パターナリズムに陥ることはない。

2　ホネットをいまどのように読むか

(1)『承認をめぐる闘争』の枠組み

アクセル・ホネットは、ドイツのフランクフルト大学哲学・歴史学部の元教授であり、二〇一八年以後、アメリカのコロンビア大学哲学部の正教授となっている。ホネットの主要著作は、『権力の批判』、『承認をめぐる闘争』、『正義の他者』、『見えないこと』、『物象化』、『理性の病理』、『私たちのなかの私』、『社会主義の理念』などが翻訳されており、さらに『自由の権利』も現在翻訳が進んでいる。

①「第三世代」とは

ホネットは、フランクフルト学派「第三世代」の代表者として知られている。第三世代に数え入れられるのは、ホネット、既に亡くなったA・ヴェルマー、R・フォアスト、Ch・メンケ、L・ヴィンガート、R・イエッギなどである。彼らは、ハーバーマスの理論的アプローチを批判的に継承し、それを第一世代の問題意識と結びつけながら多領域的に発展させようとしている。

ホネットが第三世代と言われるならば、その理論は第一世代のホルクハイマー、アドルノ、第二世代のハーバーマス双方から影響を受けていると同時に、その双方に批判的に関わっていなければならない。ホネットが第一世代と共有しているのは、哲学が現在の社会とかかわっているという評価であり、人間の「善き生」や自己実現の条件を問う点である。「私たちの社会諸関係を批判することが正義の諸条件と関わっているだけではなく、私たちの社会諸関係に関して、今日的な言い方をすれば、それが人間の善き生に貢献しうるのかどうかという問題に本質的に関わらねばならない」（AW 二〇四）。つまり、主体の自己決定のみに基づいて正義の諸条件を問うだけではなく、生のさまざまなレベルの自己実現の達成を総体として問題としているのである。

ホネットが第二世代のハーバーマスと共有しているとするのは、「間主体性理論的転回」（AW 二〇五）であり、それが意味するのは「道徳理論、認識論、美学などのあらゆる領域において、人間存在の間主体性という事実を考慮したアプローチをすること」である。[6]それでは、両者の相違点は何か。ホネットによれば、それはハーバーマスが間主体性理論の方向性を取りながらも、普遍的語用論の性格を持つ言語分析を展開したのに対し、ホネット自身は、「間主体性理論的でありながら、人間の自己関係の諸条件の形式的分析」、「人間学的な方向づけを持った人格概念」（AW 二〇六）を展開しようとしたことである。ハーバーマスがその社会理論と道徳理論とを、普遍的語用論の内含によって展開したのに対して、ホネットは、「承認関係の規範的内含が中心にあるのであり、社会理論も道徳理論もその内的な論理を展開しなくてはならない」とする。この両者の違いを一言で言えば、ハーバーマスが間主体性の理論をコミュニケーション行為論において言語行為に基づいて展開したのに対し、ホネットは人間の実践の多様な領域を包摂する承認論として展開しようとしているのである。[7]

ホネットの教授資格取得論文『承認をめぐる闘争――社会的コンフリクトの道徳的文法――』は、ホネットが『権力の批判』で検討した様々な社会理論のアポリアを「承認をめぐる闘争」構想のもとに解こうとしてものである。ホネットの承認論は、ヘーゲルのイェーナ期に生じた「承認をめぐる闘争」の構想を、その思想的基盤の一つにしている。ホネットによれば、「承認をめぐる闘争」の構想は、ヘーゲルがホッブズの「万人の万人に対する闘争」のモデルを再解釈し、フィヒテの『自然法の基礎』における、法関係を諸個体間の相互作用として把握する相互承認論と結びつけることによって生じたとされる（KuA 29 二〇）。そこでは闘争は、アトミスティックな個人が財をめぐって行う功利主義的なものではなく、彼らの権利や名誉をめぐって行う「道徳的に動機づけられた闘争」（KuA 7 一）であり、社会関係の潜在的な承認関係を明るみに出すものとして理解される。

ホネットによれば、この構想によって、「自己意識の間主体的獲得と社会全体の道徳的発展との間のダイナミックな相互関係の説明」（AG 178 一九三）が可能となったという。そこでは諸個人が、承認されていないという感情から行う闘争が、社会全体の規範的合意を前進させる。この闘争の構想の中心にあるのは、諸主体が自らのアイデンティティの確立のために行う闘争が、社会全体をその道徳的基準において発展させていくという、個人と社会全体との形成陶冶の相互媒介的なダイナミズムの把握である。

②承認の三レベル

ホネットは『承認をめぐる闘争』において、形式的人間学の見地から、三段階の承認論を展開する。形式的人間学とは、ホネットの承認論の基礎を与えるものであり、一方でカントの理論よりは具体的であるが、他方で歴史的コンテクストに埋没しないほどの抽象的形式性を持った、人間の自己実現の条件を探求するアプローチであるとされる。ホネットは、ヘーゲルを参照しながら承認の三つのレベルを展開する。

承認の第一の段階は、「愛の関係」であり、少数の人々の間の強い感情的結びつきから生じる、エロス的な第一次的関係である。ここでは、諸主体は、相互に「欲求を持った存在」として承認しあう。主体がこの承認から獲得する肯定的自己関係とは、「自己信頼」である。この段階は、フェミニズム倫理学のケアと関連している。

第二段階は、「法権利関係」である。ここでは主体は相互に、「人格」として承認しあい、「人格」とはカントにならって、個体的自律によって道徳的規範に関して理性的に決定する能力を持つ者を意味する。この段階の承認は、相互に対称性を帯びた「平等な取り扱い」を特徴とする。主体がこの承認から獲得する自己肯定的関係とは、自分で従うべき規範を決定することができる主体に対する「自己尊重」である。この段階の承認は、ハーバーマスの討議倫理学から法制化にいたる手続き主義的アプローチに関連している。

第三段階は、「連帯的同意」である。この承認においては、人々は、自分の持っている具体的な性質や諸能力を価値評価しあう。あるコミュニティにおいて具体化された差異ある功績（成果）、ライフスタイルの持つ価値を他のパートナーによって承認される。主体がこの承認から獲得する自己関係とは、「自己価値感情」である。この段階の承認は、共同体主義に関係しているが、ホネットの描くコミュニティは、因習的なものではなく、「ポスト伝統的」なものでなくてはならない。

ホネットは、これらの承認の三条件がうまく満たされたときに初めて、諸個人の自己実現が可能となる条件が整うと考える。そして現在の社会にそのような条件が備わっていなければ、その社会には「病理」があると考えて批判することになる。どのような承認が今後、社会の中で実現されるかは、その都度の社会の持つ具体的な可能性によって決まってくるので、あらかじめ具体的に描くことはできない。むしろそれは、社会の病理や、承認の不在・侵害を一つ一つ具体的に克服しようとするなかで構想されてくると言うべきだろう。

ホネットの承認の三段階相互の関係を考察してみよう。承認のそれぞれの段階は、主体の自己実現のための必要不可欠な条件であるので、そのどれが欠けても主体は、十全な自己実現や幸福に至ることはない。しかし、承認のそれぞれのレベルは相互にあらかじめ調和するものではなく、じっさいには相互に対立に至りうる。例えば、承認の愛や気遣いのレベルは、平等主義的な法権利状態の正義と対立葛藤に至りうる。ある個人を深く愛することが、万人の平等な取り扱いと矛盾することがありうる。それでは両者が単純に相互に排除しあうのみかというと、そうではない。他者に対する愛や気遣いが、社会における差別や、政策の不在を告発し法権利の一層の進展をもたらすことがある。また。平等主義的な対等の立場に立った家庭内の討議が、愛情の新しい理解を可能にすることもあるだろう。さらに一つの段階の承認が満たされないとき、それを他の段階の承認において満たす制度もありうるだろう。

ホネットの承認論をもう一度ハーバーマスのコミュニケーション行為論と対比してみよう。ハーバーマスのコミュニケーション的パラダイムにおいては、コミュニケーション合理性が形式的語用論によって言語学的に解明されていた。現代社会の病理は、コミュニケーション合理性に立脚する生活世界が、自立したメディアに媒介されるシステムに侵害され植民地化されるときに現れるとされた。しかし、ホネットにおいては、コミュニケーション的パラダイムは、より広いとされる間主体性理論の諸前提に置き換えられる。それは、諸個人が愛・法権利関係・価値評価三つのレベルにおいて承認されることによってアイデンティティを獲得する観点から捉え直されることである。そこでは、社会の三つのレベルにおいて、承認が歪曲され毀損されるとき、アイデンティティの形成に障害がもたらされ、憤激や羞恥の感情を引き起こし「承認をめぐる闘争」に至ると考えられる。この闘争では、承認が毀損された感情、正義が侵害された直感が重要な鍵を握る。ホネットは、このようなネガティブな感情・直感を具体的に社会学的アプローチのなかで探り当てることを提案している。それらは、社会の中で抑圧された人々の抵抗運動を分析するなかで見られると考えられる。

ハーバーマスのコミュニケーション行為論の全体社会は、生活世界とシステムによって構成され、サブシステムである市場経済と行政国家は後者に属するものであった。ハーバーマスの『事実性と妥当性』の枠組みは、コミュニケーション合理性に基づく政治的意思形成過程を民主的法治国家の領域にまで展開するものであった。しかし、このハーバーマスの構想においても、経済的領域はコミュニケーション合理性に疎遠なままにとどまっていた。それに対してホネットは、このような経済的領域、労働の領域を、承認論の枠組みで捉え直そうとしている。承認の第三段階は、ポスト伝統的共同体による社会的連帯の段階であった。ホネットは、この労働の領域を、分業による連帯の創出の領域として社会統合の視点から把握しようとしている。ホネットのこの労働論は、現在の社会統合を分断する新自由主義に対する批判と対抗の観点から重要だろう。二〇〇〇年代にホネットは、新自由主義に対抗する労働論を展開していくことになる。

（2）『自由の権利』の枠組み

①『自由の権利』の方法論

二〇一一年に出版された『自由の権利』は、『承認をめぐる闘争』以来の書き下ろしの大著であり、『承認をめぐる闘争』が第一の主著であるならば第二の主著と言われるべき著作である。(8) 両書の間では、かなり大きな記述上の方法論的な差異が見られる。『承認をめぐる闘争』が、歴史を貫通した普遍的な人間的本質をとらえる形式的人間学の観点から三つの承認レベルを記述していたのに対して、『自由の権利』では承認の三つの具体的領域においては、規範・価値が歴史・コンテクストにしたがって展開するという記述方法が採用されているのである。この方法論の違いはどこから来るのだろうか。その消息を伝えているのは、両著書の中間に出版された『承認をめぐる闘争〔増補版〕』に収録された後書き「承認の根拠——批判的な反問に対する応答——」である。

「ただし、当時、私の著作（『承認をめぐる闘争〔初版〕』——引用者）では、これら三つの様相が人間学的な定数ととらえられるものなのか、それとも歴史過程によってもたらされたものなのかをめぐって、どのように概念規定すべきなのかについて、何らかの解決をみていたわけではなかった。……その間に、私は、人間的な初発条件と歴史的な可変性とを、当初のアプローチよりもはるかに明確に区別するようになっていた」（KuA. neue Auflage 309-10 二四八-九）。

つまりホネットは、一方で諸主体は積極的な自己関係をつくるために相互承認によって社会の成員になっていくという普遍的側面と、他方で行動領域が分化していく中で相互承認の形式が歴史的・コンテクスト的・可変的に変化していく側面との両面を分離するに至ったのである。[9] ホネットの理論がこのように変化をした消息は、『私たちのなかの私』の「序文」で部分的に語られている。そこでは、ナンシー・フレイザーとの論争『再配分か承認か？』、タナー講義『物象化』が大きな役割を果たしたという。フレイザーとの論争では、ホネットの普遍的な人間学的本質を捉える形式的人間学のアプローチと、フレイザーのあくまで歴史的な社会制度に注目する批判的社会理論との対立が一つの大きな焦点となっていた。英語版の『物象化』では、ホネットの論文のほかにジュディス・バトラー、レイモンド・ゴイス、ジョアナサン・リアの批判的コメントが所収されており、それらはともにホネットの持つ人間学的前提に対する疑問を提起していた。[10]

② 規範的再構成

『自由の権利』の特徴となっているのは、「規範的再構成」と呼ばれる方法である。それは、現実社会において規範・価値が諸個人によって実現されて、社会闘争に媒介される形で歴史的に発展することを捉えようとする。初期の『承認をめぐる闘争』における社会闘争は、『自由の権利』においては歴史把握と結びつけられて記述されるに至っている。ホネットの承認論は、『自由の権利』の「規範的再構成」の方法によってより詳細に展開されている。ここでは、この概念について多少踏み込んで検討したい。

ホネットは、「規範的再構成」が四つの前提によって成り立つとする。

①第一の前提とは、社会分析の基礎が基づく正義の概念を発展する試みにおいては、「社会における社会的再生産の所与の形態が、共有される普遍的価値と理想とによって決定されると想定する」（RF 29）ことである。このような倫理的諸価値は、「究極的価値」として「上から」作用するだけでなく、個々人の日々の生活における基準として「下から」も作用する。ホネットはここで、パーソンズに倣って、倫理的価値は、役割期待・社会的に植え込まれた理想等などの文化システムを通じて、個人的領域において具体化されると考える。社会秩序が正当化されるのは、倫理的価値や理想の観点からであり、諸個人はその価値のために活動するのである。ここではヘーゲルの理論に見られるような、諸個人の活動と社会的諸価値の相互依存関係が語られている。諸個人はそれらの諸価値に支えられて活動するのであり、諸価値の方も諸個人の活動によってはじめて実現される。

②第二の前提は、「正義の概念は、これらの包括的な社会的価値から離れて理解さえ得ない。社会的実践や制度は、一般的に受け取られた価値を実現できる限りにおいて『正しい（gerecht）』」と主張するものである（RF 30）。この第二の前提は、第一の社会的価値の観点から「正義」を論じたものである。ホネットは、古代からの古典的な正義概念を、「異なった諸個人の平等な取り扱いと平等でない取扱いに至りうるようにその人格に適切な仕方で、すべての他者を取り扱うこと」（RF 20）として紹介する。しかしヘーゲルが言うように、正義

の基準は、歴史を越えた中立的なものとしてはありえない。「何が正義かを決定する基準は、究極的には、社会のなかで実際に制度化された理想によって判断される」（RF 21）。

③第三の前提は、「社会的現実の多様性から、私たちは、一般的諸価値をほんとうに保証し実現しうる諸制度（Institutionen）や諸実践を抜き出す――方法論的な用語を使えば、規範的に再構成する」（RF 30）である。ホネットは、歴史を越えた中立的なものを正義の基準とするのではなく、社会に内在する規範・理想の分析によってそれを行おうとする。規範的再構成は、現行の社会的ルーティーンや諸制度全体から、私たちが社会的再生産に本質的に不可欠なものだけを取り出し、これらのルーティーンや諸制度全体を類型化し秩序づけることを意味している。諸制度が単なる特殊的価値を表現し、後れた形で理想を具体化している場合は、適切な規範的再構成ではない。その際、ホネットはヘーゲルに倣って、間主体的に実践される習慣や無意識的信念も諸制度として重視している。

④第四の前提は、現実の制度・実践の批判に関わっている。「正義論を社会分析の基礎に発展させるための第四の前提は、規範的再構成の手続きがいつも社会的現実を批判するための余地を残していることである。」（RF 27-8）。人倫の実例が普遍的価値を制度的実践の一連の形態で示しているとすれば、同じ価値に基づいて、所与の実践を不適切なものとして批判することができる。批判的再構成は、「外的基準」から所与の制度・実践を批判するのではない。「むしろ、これらの諸制度実践が社会現実の混沌から拾い上げられる同じ標準が、普遍的に受け取られた価値の不十分で不完全な具体化として使用される」（RF 28）。つまり、既存の社会のなかで具体化された諸制度・実践は、普遍的な理想的観点をコンテクストにしたがって歴史的に不十分に形成しているとしても、それらを手掛かりにより普遍化された制度実践の形態を想定して社会批判を行い得る。ホネットは、このような批判を、外在的ではなく内在的で「漸進的」（RF 28）と考える。ホネットは、このような批判的再構成の方法の例として、ヘーゲルの『法哲学』の「職業団体」論を挙げる。そこでは、職業団体がその

構成員の労働が尊厳を持ったものとされることが、資本主義的市場を批判する原理として発展させうると考えられている。

ホネットは、『自由の権利』を貫く「規範的再構成」の方法を「序論」において、以上のような四つの前提によって示している。それらを要約するならば、①社会の形態は、人々が実現する普遍的価値や理想によって決定される、②社会的実践・制度は価値を実現できる限り「正しい」、③多様な社会的現実から諸価値を実現しうる諸制度・実践を選び類型化する、④価値の普遍性を実現するために、現存の諸制度・実践を内在的に漸進的に批判する。『自由の権利』は、内在的に社会分析を行いながらその中の規範・価値を抽出し、それに導かれる諸制度・実践の形態を分析し、その中から更なる発展の道筋を選び出し、それによって現実社会を批判するという方法によって描かれている。ホネットは、この方法を中立的な外在的な立場から社会批判を行うハーバーマスやロールズとは異なるとし、ヘーゲルにその先行者を見出そうとする。

ホネット自身は『自由の権利』「序論」において直接語っていないが、この規範的再構成にとっては「社会闘争」に重要な理論的位置づけが与えられている。社会のなかで、諸規範による制度・実践が批判され、また新しい方向に発展させられることを考える時、それらがどのような形態を取るかは予め自明ではない。そこでは、諸規範をどのような方向に発展させるのが正しいか――どのように具体化し、また参加者も拡大するべきか――が、社会闘争に参加する者たちの主張のコンフリクトのなかで示される。

「……規範的再構成は、所与の実践領域において参加者に暗黙裡に受容された諸規範を、次のように記述する試みに関わっている。これら諸規範の適切な解釈と適用に関わってなされる社会的コンフリクトと闘争を理想的な仕方で辿りなおすようにである。このような試みは、かく再構成された発展的な道が道徳的進歩への一定の方向性を示すだろうという希望によって導かれている。それは、特殊領域の基本的な規範的諸理想の間でどの理想が既に実現されているかを私たちに語るだけではなく、それらをより適切により十分に現実化するためには今何をなすことが必要だろうかを語るような仕方においてである[11]。」

現代社会において既に、共通の価値Aが前提されているとしよう。その際、その価値Aを、価値Bという方向に発展させようとする参加者とCという方向に発展させようとする者とがいれば、両者の間にコンフリクトが生じる。人倫は、歴史において当事者たちが合意―対立を繰り返すことによって、繰り返し「螺旋」的に発展していくと考えられる。「社会闘争」の記述は、ホネットがヘーゲルから獲得した「規範的再構成」の方法に不可分な中心的部分なのである。

③『自由の権利』の概容

ホネットは、『自由の権利』の「第一部、歴史的背景――自由の権利――」において、近代社会において前提される個体的自由の三つのモデルを明確に区別している。それらは、「自由の否定的モデル（I）、反省的モデル（II）、社会的モデル（III）」（RF 43）である。否定的自由は、諸個人の私的な利害を追求する自由を示しており、反省的自由は、諸個人が普遍的・共同的なルールを見出しそれに従う自律的自由を意味し、社会的自由は、諸個人が歴史的に展開する諸制度のなかに理念の現実化を見出す自由である[12]。ホネットのこの三つのモデルは、ヘーゲルの『法哲学』の三つの領域、抽象法、道徳性、人倫に対応している。三つのモデルの発展は、ホッブズ、ロックからルソー、カントを経てヘーゲルに至る社会思想史の展開を示している。

『自由の権利』では、社会的自由は三つの領域において構想されている。諸主体の持つ個人的自由は、相互に補足し合うような制度的複合のなかで、社会的に経験され生きられた現実になるとされる（RF 225）。そのような3領域とは、「個人的な関係の制度的領域（III.1）、市場経済の制度的領域（III.2）、政治的公共圏の制度的領域（III.3）」（RF

225）である。この三領域は明らかに、ヘーゲル『法哲学』で展開される「家族、市民社会、国家」に対応している。ホネットは、この三つの行為システムのそれぞれにおいて、諸主体が現在の社会条件のもとで社会的自由の形態を行使できる相互承認の特殊パターンと相補的役割義務とを取り出すことができると考える。その際、この三領域において、「規範的再構成の二つのレベル、経験的事実性と規範的妥当性」（RF 230）を区別しなければならない。つまり、単に現実において事実的に行われているパターン・義務と、規範性を持ち未来において展開されるべきそれらとは区別されなければならない。規範的再構成は、「間主体的に自由の領域として最もふさわしい社会実践を明らかにする困難な課題を遂行する」（RF 230）ことを意味する。

ホネットは、『自由の権利』の全体において、その社会的自由の境位を現代正義論として打ち出していると言えよう。この著作について、現在多様な国際的討議が行われている。最後に、『自由の権利』の意義とその後の発展との関係を数点指摘しておきたい。

第一に、『自由の権利』において承認論は、「規範的再構成」の方法によって、規範が社会の中で歴史的に展開される様において記述されている。それは、『承認をめぐる闘争』の形式的人間学的方法によるよりも、いっそう具体的で多領域的なものとなり、ホネットの社会思想的観点から現代社会の諸問題を総括的に語ったものと言うことができるだろう。ホネットの社会的自由論は、個人の自立性と共同性とを連携させる新しい可能性を探るものである。社会闘争の役割も、社会の形成発展のなかで改めて重要な意義を与えられて位置づけ直されている。

この変化は、承認論の構成にも影響を与えている。『承認をめぐる闘争』においては、形式的人間学に立脚する承認レベルの三段階は、「愛・法的状態・連帯」であった。それらは、承認の歴史的展開には関わらずに記述されていた。しかし、『自由の権利』においては、規範的再構成の方法により、承認の三レベルは、歴史的に展開する制度・実践の諸領域として把握し直され、「個人的な関係・市場経済・政治的公共圏」の三領域として構成された。そのなかで承認の三レベルの記述も、より具体化されている。『承認をめぐる闘争』における「連帯」のレベルは、現実社会における「労働の協働」として把握され、『自由の権利』においては「市場経済」の領域として捉え直され、新自由主義批判という現代的課題と関わらせられている。『承認をめぐる闘争』における「法的状態」も、歴史的に展開される制度・実践の領域である「政治的公共圏」として捉え直されている。

第二に、ハーバーマス理論との連続性と相違とである。ホネットは、ハーバーマスの間主体性理論から多くの影響を受けていると同時に、それを批判的に刷新しようとしている。ホネットはハーバーマスとの理論的相違を端的に次のように語る。「ハーバーマスと私の企ての違いはとりわけ次の点にある。すなわち、ハーバーマスは近代法治国家の歴史的発展だけを規範的再構成の参照点とするのに対し、私は、正義論の課題として、そのような再構成をすべての制度的な価値諸領域の現実的発展の全幅において行うことが正しいと考える」(RF 120, Fußnote112)。ホネットは、社会的自由の構成要素として、ハーバーマスのように民主的法治国家における意思形成の領域だけでなく、それ以外に個人的な領域、市場経済の領域をも検討し、その上で三者の相互連関を検討している。これは、ハーバーマスの法媒体に集中する正義論をより広く展開したものと言えよう。しかし同時にホネットは、民主的意思形成過程に、他の二つの領域に対する優先性をも与えている(RF 616)。その点でホネットの社会理論は、ハーバーマス理論との連続性をも維持していると言えるだろう。

第三に、ホネットが規範的再構成の方法を採用することによって直面した困難についてである。ホネット自身は「緒論」において、彼が歴史の多様性の記述に踏み込んでいく際に出会った困難について語っている。それは、彼が「規範的確信のない読者に私が主張する発展方向とそれから生じる帰結を説得的と思わせるほど、様々な知的領域から多くの発見と証拠を引き合いに出すという課題」(RF 11) に直面せざるをえなかったからである。つまり、歴史における社会制度をコンテクスト的に記述した場合、具体的な展開の多様性に直面することになり、場合によっては相対主義に至る危険が生じるのである。ホネットの「批判的再構成」の方法は、歴史の具体的な場面で、参加者たちの視点から社会闘争を記述しそのなかで規範の正当な展開を見ようとするものである。その際、民衆における抵抗運動に、相反する二つの方向性があるならば、どちらかがより「正当な発展」であると判断するには困難が伴うだろう。ホネットはこの危険を避けるために、「歴史的目的論」（RF 22）、歴史の「進歩」について語り、この進歩に反するものを「誤った発展」として記述している。その際の正当化の基準は、「社会的自由」の進展から見てということになると思われるが、それをどこまで具体的に語りうるのかはこんにちなお開かれた課題であると言えよう。

注

（1）ハーバーマスじしんの表現によれば、「論証は、意思疎通に指向した行為の、別の手段を用いる、再帰的になった継続として把握される」（TkH I 48（上）五〇）（強調はハーバーマスによる）。

（2）Max Weber, "Soziologische Grundbegriffe," Wirtschaft und Gesellschaft. Grundriss der verstehenden Soziologie, Köln: Kiepenheuer & Witsch, 1964, 1.（濱島朗訳「社会学の基礎概念」『ウェーバー　社会学論集』青木書店、一九七一年、八五頁）。

（3）マックス・ウェーバー（尾高邦雄訳）『職業としての学問』岩波書店、一九八〇年、六三-七四頁。

（4）ハーバーマスじしんが、この間その理論哲学的立場を主題化してこなかったせいか、これに関連する二次文献もさほど多くあるとは言えない。こうした状況において、『真理と正当化』の「訳者解説」は、カント的プラグマティズムの観点からハーバーマスを論じるものである。以下においては、この必読文献の内容とできるだけ重複しない形でハーバーマスの理論哲学的立場を明らかにしたい。

（5）Jürgen Habermas, Noch einmal: Zum Verhältnis von Moralität und Sittlichkeit, in: *Deutsche Zeitschrift für Philosophie*, De Gruyter, 67 (5), 2019, S. 729-43.

（6）'Intersubjektivität' は、通例「間主観性」と訳されることも多い。ホネットにおける 'Subjekt' は、たんに理性的存在と捉えられるだけでなく、感情的・情動的な存在であり身体を介した実践的な他者関係を持つことも重要であるので、ここでは「間主体性」と訳する。

（7）ホネットは、『承認をめぐる闘争』以降、『見えないこと』、『物象化』、フレイザーとの論争を経て、当初あいまいな点も残していた「承認」概念を明確化する試みを行っていった。やはりその途上のものではあるが、『私たちのなかの私』においては、「承認は、相手を一定の仕方で肯定するという最初の意向を反映する実践的態度のさまざまな形態の類〔概念〕と把握されるべきであろう」（IIW 111 一一一）としている。本稿ではまず『承認をめぐる闘争』における承認論の基本構成を示していきたい。本論集では、第7章の藤井論文が承認の3レベルについて扱っている。

（8）本論集では、『自由の権利』の全体的内容については第10章水上論文が扱っている。

（9）筆者が二〇一三年にコロンビア大学哲学部で客員研究員を行っていた際、ホネットにインタビューしたところ、フレイザーとの論争の成果として、相互承認が歴史的社会的制度のなかで具体的な形態をとることに着目したことを挙げていた。また、筆者の「人間学的な方法から歴史的・コンテクスト的方法に変化したのか」という質問に対して、ホネットは「人間学的方法は後景に退いたのであってなくなったわけではない」と答えた。

（10）本論集では、ホネットとフレイザーとの論争に関しては、第8章小山論文、『物象化』に関しては第9章宮本論文が論じている。

（11）Axel Honneth, "Replies," *Krisis, Journal for contemporary philosophy,* 2013, Issue1,www.krisis.eu., p. 37.

（12）「社会的自由」については、本論集第10章水上論文と第11章日暮論文とが取り上げている。

第Ⅰ部　ハーバーマス理論の現在とその周辺

第1章 社会理論としてのハーバーマス理論
――『コミュニケーション行為の理論』から『事実性と妥当性』への展開をふまえたハーバーマス理解のこころみ――

永井 彰

本章では、ユルゲン・ハーバーマスのテクストを社会理論の観点から読むことをこころみたい。つまり、社会理論としてハーバーマス理論を主題化することが本章の課題である。そのさい、『コミュニケーション行為の理論』から『事実性と妥当性』への理論展開をふまえ、社会理論としてこの両者を整合的に理解するための解釈案を示したい。それによりハーバーマス理論の理解を深めるための一つの筋道を明らかにしたい。

1 社会理論とは何か

そもそも社会理論として読むとはいかなる手続きなのだろうか。一般的には、社会理論ないし社会の理論というものに明確な定義があるとはいえないけれども、『理論』の序言におけるハーバーマスじしんの記述を参照すれば、社会理論とは、社会のなかの特定の機能システム（たとえば政治システムあるいは経済システム）についての理論ではなく、それらを包括する社会そのものについての理論ないし総体としての社会にかんする理論として定式化できよう。

ハーバーマスは、『理論』の序言で、タルコット・パーソンズの四機能図式（AGIL図式）を引きあいに出しながら（TkH I 20（上）二五）、経済学と政治学が、学問の制度化の過程のなかで、社会の部分システムとしての経済シ

	A			G	
経済学		経済	政治		政治学
文化人類学		文化	社会共同体		社会学
	L			I	

A：適応　　G：目標達成
I：統合　　L：構造パタンの維持

図1　社会の下位システムと社会科学
出典：TkH I 20（上）25

ステムないし政治システムの専門科学となったのにたいし、社会学は社会共同体下位システムの専門科学にはなりえなかったことを指摘し、社会科学のなかで社会学にとってだけ社会理論が必要であり続けたことに注意を促している。

図1は、ハーバーマスがパーソンズの社会システム理論をもとにして作成したものである。四つの象限からなるこの四角形の全体が、社会システムを意味している。社会システムが維持されるためには、四つの機能が充足されなければならない。その四つの機能のそれぞれが、適応、目標達成、統合、構造パタンの維持にあたる。近代社会は機能分化が進んだ社会である。近代社会においては、これら四つの機能のなかの特定の一つだけをもっぱら担う下位システムが形成される。この四象限の図式は、下位システムの分出という事態を表現している。そして、これら四つの下位システムには、社会科学のそれぞれが割り当て可能であるように見える。それぞれの象限の外側に書かれた学問の名称はこの対応関係を示している[1]。

社会システムの下位システムと学問とのあいだの対応関係が明瞭に示されているのが、政治学と経済学である。ハーバーマスは、政治学について次のように説明している。「政治学は、近代自然法から解放されなければならなかった。近代自然法はなおも、古いヨーロッパの見解から出発した。その見解にしたがえば、共同体は政治的に構成され法規範をつうじて統合されている。たしかに市民的な形式法という新たな着想は、構成的なかまえをとり、法的・政治的秩序を規範の観点のもとで合理的メカニズムとしてえがくことを可能にした。そこから、経験的な方向を有する政治学は、根本的に離れなければならなかった。この政治学は、社会の部分システムとしての政治を取り扱うのであり、社会全体を把握するという課題を免れたのである」（TkH I 18（上）二四）。さらにハーバーマスは、政治学と対比させる形で経済学について次のように述べる。「政治経済学については、事情が異なっている。政治経済学は、十八世紀において合理的自然法と競合し、第一義的には規範をつうじてではなく機能をつうじてまとめられる行為システムの自立性をきわだたせている。経済学は政治経済学として、まずさしあたっては、社会全体への危機理論への準拠をなおも固く保持していた。そうした経済学は、経済システムのダイナミクスが、社会を規範的に統合する秩序にどのように影響を及ぼすかという問いに関心があった。そこから、専門科学となった経済学は離れていった」（TkH I 19（上）二四）。つまり、政治学も経済学も、もともとは総体としての社会への関心を有していたが、政治システムや経済システムといった特定の下位システムだけを扱う専門科学へと転換していったのである。

しかし、社会学は、政治学や経済学とは異なった道筋をたどることになった。ハーバーマスは、次のように説明する。「これにたいして社会学は、政治学と経済学が専門科学になる道筋において問題として排除したことを所轄とする学問として成立した。社会学の主題とは、近代国家システムの成立と市場をつうじて調整される経済システムの分出によって、旧ヨーロッパ社会の組み立てのなかで引き起こされた社会統合の変化である。社会学は、危機科学そのものとなる。それはとりわけ、伝統的な社会システムの解体と近代の社会システムの創出におけるアノミーの側面を取り扱う。たしかにこの初期条件においても、社会学はただ一つだけのサブ・システムを主題としたのではなかった」（TkH I 19（上）二四‐五）。ハーバーマスは、社会学のなかに社会統合の専門科学をめざす動きがあったことに注意を促しながらも、しかし、結局のところ社会学はその方向には向かわなかったと結論づける。社会学にとって、社会統合のあり方を解明することが中心的な課題だが、その形態変化は近代国家や資本主義経済の動態と関連している。したがって社会統合の論理は、社会総体とのかかわりにおいてはじめて解明されうるものである。このような事情があるため、社会学は、社会総体の問題への関連を保持し続けたし、社会理論をみずからの研究領域に取り込むことになった。そして、社会総体とのかかわりで社会統合のあり方を解析するというその方法が、社会学を現在にいたるまで方向づけることになったし、それが社会学の特長になった。この方法を選択したことで、社会学は社会病理や社会問題を取り扱うことができた。それは、特定の下位システムの精緻な分析をめざすという設定ではなしえなかったことであった。

ここまでの社会科学史にかんする理解を踏まえるなら、さしあたり社会理論とは、社会そのものを記述、説明、分析する理論のこととして定義できよう。そして、社会そのものは、固定的なものではなくさまざまな活動をつうじて不断に更新されているという点に着目するなら、社会理論には、社会の再生産メカニズムを説明する論理が求められていることになる。通常のばあい、社会の再生産は、単純再生産（従前と同じものが複製される）ではなく過程的再生産（現にあるものをもとに、つねに新たなものが生みだされ続けていく）であるから、社会理論は、過程的再生産の理論であり、つまりは社会変動の理論である。端的にいって、社会理論とは、「社会総体」の「再生産メカニズム」を説明する理論ということになる。かりにこのように規定するなら、この規定に該当する理論はおのずと限定される。これに典型的にあてはまると思われるのは、たとえば、資本制社会についてのカール・マルクスの理論であり、またパーソンズの社会システム理論である。さらには、ポスト・パーソンズの理論家たちとして位置づけられる、ハーバーマスの社会理論をはじめ、ニクラス・ルーマンの社会システム理論やアンソニー・ギデンズの構造化理論もこのカテゴリーに位置づけられるだろう。

ただ実際には、社会理論といういい方はもう少し広く使われるし、そのように使ってさしつかえないように思われる。ハーバーマスは、『理論』の序文において、私は、「ウェーバー、ミード、デュルケムおよびパーソンズを古典作家として、つまりはわれわれになおも何ごとかを語りかける社会理論家として扱う」（TkH I 8-9（上）一七）と述べ、パーソンズだけでなく、マックス・ウェーバーやエミール・デュルケムやジョージ・ハーバート・ミードにも社会理論家という名称を付与している。

社会学において、社会現象を分析するために、社会関係や社会的行為の理論が用いられてきた。この理論枠組みを社会理論と表現することはありうるし、この用法は許容されるように思われる。この用法であれば、マルクスやパーソンズだけでなく、ウェーバーやミードやあるいはアルフレート・シュッツについてさえも、社会理論と呼んでよい。というのも、それらの理論には、社会についての何らかの理論的装置が含まれており、その説明対象は、特定の機能システムに限定されることなく、社会の全般とかかわっているからである。ただし、これらの理論は、より厳格に規定された意味での社会理論とは、大きな違いがある。それは、「社会総体」についての「系統的な把握」という問題意識があるとはかぎらないという点である。そして、それに付随して、社会そのものの再生産メカニズムについての説明が十分だとはいえないという点である。これらの理論には、総体認識への志向や理論体系構築への志向がない。ただこのことは、理論の欠点というのではなく、理論構築にあたっての問題意識や戦略性の違いとして理解されるべきことがらであろう。ハーバーマスが生活世界とシステムとを結びつける論理をもった社会理論、つまりはこの意味において総体としての社会の構成を説明する論理を有する理論として想定しているのは、マルクスとパーソンズだけであるということには、あらためて留意しておきたい（TkH II 303（下）一三五）。

ハーバーマスの理論は、フランクフルト学派と呼ばれる一連の理論家たちのなかでも、社会理論体系への意志という点できわだっている。フランクフルト学派の仕事を批判理論ないし批判的社会理論と総称することは広くおこなわれているが、社会理論の体系性という点にこだわるなら、厳格な意味で批判的社会理論という名称があてはまるのはハーバーマスについてだけだという評価は、十分に成立しうるであろう。

2　コミュニケーション行為理論の社会理論的意義

社会理論としてハーバーマスのテクストを読むということの文脈のなかで、コミュニケーション行為理論の社会理論的意義は何だったのかについてあらためて確認してみたい。そのさい、『理論』という書物出版時（一九八一年）の同時代的な記述や理解と、その後の著作における理論的展開をふまえたうえでのテクスト理解の深化とを対比するという手順をとりたい。コミュニケーション行為理論の社会理論的意義については、二つの論点に分けて考えることができる。一つは、コミュニケーション行為理論そのものにかかわる論点であり、もう一つは、社会理論の構成を方向づけるという点についてである。本節では、前者について取り扱う。

『理論』におけるコミュニケーション行為理論の強調点は行為理論のパラダイム転換というところにあった。『理論』の中間考察第一（第三章）に付された副題が「社会的行為、目的活動、コミュニケーション」であったことに示唆されているように、『理論』における理論的テーゼの眼目は、目的活動からコミュニケーション行為へと行為理論の基礎概念を転換させるということであり、それにより社会的行為の再定式化がめざされた。ウェーバーの目的合理的行為のモデルでは、目的の実現をめざす個々の行為者から出発し、その行為者がであうことによって社会的行為が形成されるものとされた。社会的行為は、目標をめざした行為のかみあわせであり、それじたい目標達成の過程である。このような行為は、ハーバーマスの視点からは、成果を指向するものと特徴づけられた。他方、コミュニケーション行為は、意思疎通を指向するものと特徴づけられた。意思疎通を指向するとは、自己じしんの成果計算よりも相手との了解達成を優先するという態度のことであり、コミュニケーション行為においては、意思疎通をつうじて行為の目標そのものを関与者たちが取り決めていくとされた。つまり、コミュニケーション行為の目標は、それぞれの行為者があらかじめ決定しているわけではなく、関与者のやりとりのなかではじめて定まるものである。この意思疎通の論理を解明した点に、社会関係をとらえるための基礎概念の革新があった[2]。

その後のハーバーマスじしんの理論的展開をふまえてとらえかえすなら、次のような意思疎通の論理を提示したことが『理論』におけるコミュニケーション行為理論定式化のポイントであったことがはっきりする。すなわち、意思疎通は批判可能な妥当性要求の相互承認にもとづくのであり、この点こそがコミュニケーション行為の基本的な論理や特徴だということである。人々のあいだの行為整合がいかにして可能になるのかというと、それは、最終的には妥当性にもとづくことによってであり、つまりは根拠を納得することによってであったとされる。ハーバーマスは、行為整合における妥当性ないし合理性の介在という論点をきわだたせた。コミュニケーション行為理論にとって、そしてコミュニケーション行為理論に基礎をおくハーバーマスの社会理論にとって、コミュニケーション合理性の発見こそが決定的に重要だったのである。

この評価には、若干の補足が必要であろう。まず『理論』のテクストにおいて、コミュニケーション合理性がどのように説明されているかを確認しておきたい。ハーバーマスは、コミュニケーション合理性という概念について、明瞭な定義をおこなっているわけではない。それでも、コミュニケーション合理性の概念規定にかかわる記述を探してみると、次のような一節にいきあたる。「簡潔にまとめると、次のようにいうことができる。すなわち、規範に規制された行為、表出的自己呈示および評価的発言は、事実確認的言語行為とともに、生活世界を背景として合意の獲得や維持や更新をめざすコミュニケーション実践を形づくるのであり、より詳しくいえば、その合意は批判可能な妥当性要求の間主観的承認にもとづいている。この実践に内在する合理性は、コミュニケーション的に達成された了解が最終的には根拠に依拠しなければならないという点に示される。したがって、コミュニケーション的な日常実践に内在する合理性は、上位の審級としての論証実践を指し示している。それは、意見の不一致がもはや日常のルーティンによっては受け止められえないが、にもかかわらず強制力の直接的ないし戦略的投入によって決着されてはならないばあいに、別の手段によるコミュニケーション行為の継続を可能にする」（TkH I 37-8（上）四一一二)。

ここでは、コミュニケーション行為と論証（ないし討議）との概念上の区別が前提とされている[3]。コミュニケーション行為とは、批判可能な妥当性要求の相互承認にもとづく行為である。ただし、日常の行為連鎖においては、コミュニケーション行為のなかで妥当性要求が主題化されるとはかぎらない。しかし、そのばあいであっても、妥当性要求の呈示と承認という過程は潜在的には進行しているとみなされうる。そのさい重要なのは、妥当性要求の主題化の可能性がつねに開かれているということ、つまりは必要なばあいにはコミュニケーション行為から論証へと移行できるということである。妥当性要求が主題化される対話が、論証ないし討議である。論証実践においては、コミュニケーション行為において掲げられていた妥当性要求が根拠にてらして吟味される。コミュニケーション合理性の概念は、コミュニケーション行為が最終的には根拠に依拠しているという点を浮き彫りにしている。

しかし、合理的であるということの意味を根拠に求めるということだけであれば、それはそれほど目新しい考え方ではない。また根拠というものが、認識者や行為者と対象との関係において把握されるばかりでなく、根拠そのものが間主観的に構成されるという視点が必要であることもまた、すでに知られていることである。この文脈でハーバーマスは、『理論』の第一章において、前者の把握を認知的・道具的合理性と、後者の視点をコミュニケーション合理性と関連づけている。ハーバーマスが付け加えたことがあるとすれば、まず第一に「コミュニケーション合理性」という名称を付与したことであり、第二には、合理性の問題を論証実践にだけかかわる問題にせず、コミュニケーション行為と論証とを関連づけることで、合理性問題を生活世界における社会形成の問題と関連づけたということであろう。ハーバーマスは、社会形成の論理を構成する重要な契機としてコミュニケーション合理性を位置づけたわけであり、つまりは社会理論のなかにコミュニケーション合理性概念を持ち込んだ。

コミュニケーション合理性は、次のような事態と関連している。対話関係において行為者はなぜ相手の提案を受け入れるのかという問いを立てるなら、その解答は、その提案に結びついている根拠（論拠）に納得することによって、となろう。対話関係における了解は、根拠つまりは妥当性の持つ力に依存しており、そこには、論拠のもつ合理的に動機づける力が作動している。そして、この力は、貨幣や権力のもつ、利害関係に依拠した経験的に動機づける力とは異なる。コミュニケーション行為においては、この合理的に動機づける力が人々のあいだの行為整合の源泉となる。

『理論』におけるコミュニケーション行為理論は、日常的な社会関係および社会形成の論理のなかに妥当性という契機がはらまれていることを明示化した。ハーバーマスは、このことを『事実性と妥当性』においては、事実性と妥当性の緊張という論理で表現することになる。『事実性と妥当性』のハーバーマスによると、言語表現には二つの理念性がかかわっている。その一つは、言語の意味の理念性であり、それは、言語表現が別々の使用者にとって同一の意味を持つことである。ある言語共同体の構成員は、同じ表現が異なった状況や異なった言語行為において用いられるばあいでも、その表現が同一の意味を保持することを想定する（FuG 26-7（上）二七–八）。もう一つは、妥当性概念の理念性である。言語表現は、言明文（命題）として表現することができる。言明文には意味内容があるが、そればかりでなく、さらなる規定が必要である。それは、その意味内容にたいするイエスかノーかの判断であり、つまりは妥当性の判断である。つまり言語表現には、妥当性の判断がかかわっているというのである（FuG 27-8（上）二八–九）。

ここに事実性と妥当性の緊張があるというのは、次のような事情とかかわっている。あらゆる言語表現は、「いま・ここ」でおこなわれ、「いま・ここ」で受け入れられるほかない。妥当性の判断もまた、この時点にこの場所においては、言語表現は、これらの限定を超えて受け入れ可能であることを求めるのである。この求め方は、妥当性の種類（真理性、正当性、誠実性）によって異なるが、いずれにせよある言語表現がいまここでだけ妥当する（通用する）だけでは妥当性を有するとはいえない。言語表現における妥当性への準拠というのは、このような不確実な基盤のもとでなされざるをえず、妥当性は、事実として通用しているもののなかにしかない（FuG 36-7（上）三七）。このことをハーバーマスは、事実性と妥当性の緊張と表現しているわけである。そしてコミュニケーション行為においては、言語的意思疎通をつうじて行為整合をおこなうわけであるから、言語表現における事実性と妥当性の緊張という論理は、社会形成そのもののなかに組み入れられることになる。こうして『事実性と妥当性』においては、社会の再生産過程そのもののなかに妥当性という契機が組み込まれていること、そしてこの組み入れは事実性と妥当性の緊張という形をとってなされるほかないことがきわだたせられることになった。

3　社会理論の構成

（1）『理論』における二層の社会概念（生活世界とシステム）

コミュニケーション行為理論はコミュニケーション行為をつうじた行為整合の論理を明らかにしているばかりでなく、ハーバーマスの構想する社会理論全体の構成を方向づけている。この論点についても、『理論』から『事実性と妥当性』への理論展開をたどりながら確認したい。

ハーバーマスは『理論』において、生活世界とシステムとからなるものとして社会をとらえるという二層的な社会概念を定式化する。(4) そのさい重要なのは、コミュニケーション行為と生活世界とが相補概念であるとする理論的な決定である。一方において、コミュニケーション行為は生活世界を資源として利用することによって成り立つ。他方において、生活世界はコミュニケーション行為によってのみ再生産される。この相互に他方を前提としあう関係にあることを指して、ハーバーマスは相補概念であるとする。そして、このコミュニケーション行為と生活世界の相補的関係をふまえ、システム概念が、生活世界との対比において特徴づけられる。システムとは、生活世界から自立化し物象化した行為連関であるとされる。ハーバーマスの二層的な社会概念は、コミュニケーション行為概念を基点として構成されている。コミュニケーション行為という独自の概念を設定することによってはじめて、生活世界とシステムの区分が導出されることになる。

ここから確認できるのは、ハーバーマスの二層の社会概念は、社会理論の系譜を踏まえたものであると同時に、ハーバーマス独自の構成になっているということである。生活世界の概念は、現象学に由来するものであり、ハーバーマスは、直接的にはシュッツのテクストを参照している。シュッツにおいて、生活世界は人々によって自明なものとして経験される意味世界であった。生活世界は、間主観的に構成されるとされながらも、当事者にとって自明なものとみなされるという論理になっていた。自明視する主体は「私」であるほかなく、シュッツは自己の意識という準拠点から抜け出すことができなかった。ハーバーマスは、コミュニケーション行為と生活世界を相補概念とすることによって、生活世界論から意識哲学の残滓を除去した。またシュッツにとって生活世界の内容は文化的知識在庫であったが、ハーバーマスは、これを意味的な世界全般に拡張した。他方、システムの概念は、社会システム理論に由来するものであり、ハーバーマスは、直接的にはパーソンズのテクストを参照している。本章の冒頭においてパーソンズの四機能図式について言及したが、ここで示されているように、パーソンズは、社会全般を社会システムとして把握している。この点においてハーバーマスのシステム概念は、社会システム理論のそれとはまったく異なっている。ハーバーマスにおいてシステムとは、生活世界から自立化し物象化した行為連関だけに適用される概念とされる。ハーバーマスがシステムとして位置づけるのは、近代国家アンシュタルトと資本主義経済に限定される。システムは、生活世界から自立化し物象化した行為連関であるがゆえに、その客観的なメカニズムを外部観察者の視点から分析する必要がある。その理論をハーバーマスはシステム理論として特徴づける。この用法も、ハーバーマス独自のものである。

そもそも、社会科学は、身近な人々のつながりとしてでは把握できない社会性の位相をその研究対象として発見したうえで、そのメカニズムの理論的解明をめざしてきた。ハーバーマスは、この位相のことを「システム」として特徴づける。そのうえで、ハーバーマスは、生活世界を社会と同一視すること、つまりは社会そのものと生活世界を同じ広がりをもつものととらえることを誤りであるとし、この見方を「解釈学的アイデアリズム」の誤謬と呼ぶ（TkH II 223（下）五七）。

それでは、社会をとらえるためには、システムだけをみればよいということだろうか。つまり、システムをみれば社会構造が把握できるということになるだろうか。生活世界にかかわる事象は社会総体の運行にとっては些末な事象であり、システムの再生産メカニズムの把握ができれば、社会分析は可能だし、それで十分ということになるだろうか。ハーバーマスの理論戦略は、こうした見方を明確に否定する。ハーバーマスの社会総体は、生活世界とシステムとのかかわりによって把握されるという方法的視座を明示化している。この理論構成において、生活世界が社会の再生産にとって重要な位置価を占めることが、示唆されている。ハーバーマスにとって生活世界は、身近な社会関係の解明のためにだけ必要な概念、つまりはミクロ社会学の概念なのではない。生活世界は社会の総体把握のために、社会理論のなかに位置づけられるべき概念なのである。

（2）『事実性と妥当性』をふまえたハーバーマス社会理論の理解

一九九二年になって『事実性と妥当性』が公刊される。その時点における（つまり『事実性と妥当性』という作品をふまえた）ハーバーマス社会理論について、どのように理解すればよいであろうか。ハーバーマスじしんは、この点について主題的に説明してはいない。そこで、この点についてわれわれの解釈案を示しておきたい。

まず第一に、『理論』によって示された社会理論の基本的な構成は、この時点においても維持されていると理解する。ただし『事実性と妥当性』においては、コミュニケーション行為理論ではなく討議理論という表現が多用されている。コミュニケーション行為と討議の概念上の関係については、前節で確認したとおりである。『事実性と妥当性』においては、日常的な行為連鎖における妥当性要求の潜在的な作動という局面よりも、対話における妥当性要求の主題化に焦点が当てられている。これは、力点の所在が変わっただけで、理論的論理には変化はないと解釈できる。また生活世界とシステムという社会概念そのものは、『妥当性』においては主題的に取り扱われることはない。しかし、これも、ただ後景に退いているだけであって、着想そのものは維持されていると理解することができる。

第二に、『事実性と妥当性』における理論枠組みは、社会理論の文脈でも、つまり社会理論としても理解しうる。この点において、『理論』と『事実性と妥当性』は、接合して理解できる。直接的には、近代国家理論の深化という論点において、『理論』と『事実性と妥当性』を関連づけることができる。『理論』においては、国家は、システムとして、生活世界と対峙し、生活世界と交換関係に入るものととらえられる。他方、『妥当性』においては、近代民主主義的法治国家が人々の集合的な意見形成と意志形成の過程をつうじて形成されるという国家形成の論理が示される。さしあたりこの議論は、近代国家についての規範的自己理解を、討議理論によって説明しなおしたものと理解される。だが、この議論は同時に、近代社会のなかに組み込まれた基本的論理を析出したものと理解することは十分に可能である。このように理解するなら、『理論』と『事実性と妥当性』とを接合し、『理論』から『事実性と妥当性』へと深化したものとして、ハーバーマス社会理論の構成を理解することができる。

ここでごく簡潔に、『事実性と妥当性』において示された理論枠組みを確認しておきたい。ハーバーマスは『事実性と妥当性』において、討議理論の視角から、近代法と近代民主主義的法治国家の基本的論理の析出をこころみている。第一に、近代法の基本的論理についてである。近代法は、「権利の体系」として再構成できる。この再構成にあたって前提とされていることは、法形式と討議原理だけである（FuG 155（上）一五二）。法形式は、法の受け手に関連する次の三つの抽象によって特徴づけられる（FuG 143（上）一四〇-一）。すなわち、①みずからの意志を自発的に拘束させる受け手の能力を度外視し、その恣意だけを考慮に入れる。②そのときどきにおいて言及された行為プランの生活世界的な複合性を度外視し、社会類型的に規定された行為者の双方向的なたがいにたいする影響という外的な関係だけを取り扱う。③動機づけの種類を度外視し、行為のつねに成立している規則同調性の効果で満足する。他方、討議原理について、ハーバーマスは次のように定式化している。「妥当なのは、すべての関与しうる者が合理的討議の参加者として同意しうるそうした行為規範である」（FuG 138（上）一三六）。ハーバーマスによると、この命題は、ポスト慣習的な根拠づけの必要ということを表現している（FuG 138（上）一三五）。近代社会においては、伝統によって、あらかじめ何らかのことを正しいとみなすことはできない。この状況においては、何が正当なのかは、最終的には人々が対話をとおして取り決めていくほかない。つまり討議原理とは、何が妥当なのかを取り決めていく一般的な手続きのことをいいあらわしている。

そのうえでハーバーマスは、「権利の体系」について示す（FuG 155-7（上）一五一-三）。個人の自由にかかわる権利と政治参加の権利とは、どちらかが優先するということではなく、相互に前提しあうという論理的関係にあるとする。近代法というものの存在そのもののなかに討議原理が組み込まれている。さらにハーバーマスは、法制定の原則について、民主主義原理という表現を付与している。民主主義原理は、一般的な討議原理を、法形式においてあらわれ、（a）プラグマティックな根拠、（b）倫理的・政治的根拠、（c）道徳的根拠を用いて正当化されうる行為規範へと特定化することで生じる（FuG 139（上）一三六）。民主主義原理は、法だけが正統的な妥当性を要求してよいということを表現している。法は、それじたい法的に構成された討議的な立法過程においてあらゆる法仲間の合意をみいだしうるとされる（FuG 141（上）一三八-九）。ハーバーマスは、民主主義原理という表現によって、人民の集合的な意見形成と意志形成のプロセスを討議の網の目としてモデル化した（FuG 207（上）二〇一）。

第二に、近代民主主義的法治国家についてである。[5]ハーバーマスは、近代国家を法と政治権力の複合体として把握する。そのうえでハーバーマスは、①法と政治権力とは、どちらかが優位に立つわけでなくが等しく根源的であること（FuG 176（上）一七四）、②国家として編成された支配は、法と権力のあいだに構成的連関、つまりはたがいに他方を不可欠な存在として前提とする関係が成立していることによって特徴づけられること（FuG 178（上）一七五)、③しかし近代国家において、法と権力のあいだに自己充足的な循環関係が成立しているとみなしえないこと、つまり近代においては法はおのずから正統的であるわけではなく、法は正統化される必要があること(FuG 180(上)一七七)を強調する。この③の論点においては、民主主義原理にかんする議論がふまえられている。

ハーバーマスは権力概念についても、とらえなおしをおこなう。ハーバーマスは、コミュニケーション権力という概念を導入する(FuG 182-3(上)一七九)。この概念は、権力の発生という局面にかかわっている。人々が合意したとき、人々のあいだにそれに従う義務が発生する。それが権力の発生器になるとする考え方である。こうした着想に従えば、法も権力も、多くの人々が公共的に一致した意見に由来するということになる(FuG 184-5(上)一八〇-一)。コミュニケーション権力の概念により、権力概念の細分化が可能になった(FuG 185-7(上)一八一-三)。ハーバーマスによると、コミュニケーション権力は、討議による共通意志の形成だけを言いあらわしており、共通意志に由来する法の履行には及んでいない。ハーバーマスは、後者を行政権力と言いあらわす。そのうえで、ハーバーマスは、コミュニケーション権力を行政権力に転換させるメディアとして法をとらえることを提案する(FuG 187(上)一八三)。

『事実性と妥当性』の理論枠組みが示唆しているのは、近代国家が、意見形成と意志形成の過程に繋ぎ止められているということであった。この議論は、近代社会の規範的な自己理解を討議理論の概念装置でとらえなおしたもの、つまりは規範的な議論と理解されてきた。他方、国家が市民によるコミュニケーション的自由の公共的使用につなぎとめられるという論理は、近代社会のなかに組み込まれている。この点に着目すれば、『事実性と妥当性』における近代民主主義法治国家論は、『理論』とは違った路線での社会理論構築の道を示唆しているとして位置づけなおすことができる。もちろん、この理論を、そのまま社会理論と同一視するわけにはいかない。そうしてしまうと、政治的に構成された全体を社会総体とみなすことになり、複合的な現代社会の構成をとらえられなくなる。むしろ『事実性と妥当性』の理論は、近代国家ないし政治システムをとらえるための理論装置として位置づけるのが適当であろう。

そしてこのように位置づけるとしたばあいに、次に問題となるのは、『理論』における、生活世界とシステムという二層の社会概念との整合性をどう考えればよいのかという論点である。まず確認できるのは、ハーバーマスには、近代国家について二つの理論装置があるということである。そして、次に提案したいのは、それらを結びつけて理解するという解釈案である。すなわち、近代国家は、そのものとしては、システムとしてとらえられるが、そ
れと同時に、人々の共同の意志形成過程をつうじて形成されているという特性を有している、とする理解である。つまり、ハーバーマス理論においては、『理論』に由来する、システムとして国家をとらえる理論と、『事実性と妥当性』に由来する、人々の意志形成過程から構成されるものとして国家をとらえる理論の、二つの近代国家論が併存していると理解することができる。この後者の理論が必要とされるのは、「法治国家的に組織された政治システムの作動様式は、法の妥当性の次元および法の民主主義的生成の正統化する力を引き合いに出すことなしには、経験的にも適切に記述されえない」（FuG 349（下）一〇）からである。

4　社会理論としてのハーバーマス理論

社会理論として読むとは、社会の再生産メカニズムを説明する理論として理解し、その理論的論理を析出することであり、その理論的論理の射程を評価することである。この観点からハーバーマス理論を読むと、次の三点がポイントとなる。第一に、コミュニケーション行為という独自の概念を獲得したことである。コミュニケーション行為を基点とし、コミュニケーション行為と生活世界を相補概念として設定し、生活世界との対比においてシステム概念を導入する。コミュニケーション行為は、ハーバーマス独自の社会概念の構成を方向づける役割をはたした。第二に、コミュニケーション合理性の考え方である。ハーバーマス理論においてもっとも独創的で特徴的なのは、

コミュニケーション合理性の概念を社会理論のなかに組み入れ、コミュニケーション合理性が埋め込まれているものとして社会の再生産過程を説明するという点である。この理論構成により、生活世界の内発的な力への感受性がハーバーマス理論にもたらされた。この点が、競合する現代社会理論（『社会システム』におけるルーマンや『社会の構成』におけるギデンズ）との決定的な差異となっている。これらの社会理論は、社会の再生産メカニズムへの関心を有し、それについての説明の論理を有している。しかし、これらの理論には、コミュニケーション合理性への視点はないし、それに類する概念装置もない。第三に、『理論』と『事実性と妥当性』の両者を接合させて理解するなら、生活世界・経済システム（資本）・政治システム（国家）の関連において社会総体を把握するという論理構成が、『事実性と妥当性』をへて深化していると理解できる。ただし第三の点については、ハーバーマスじしんによっては、十分に理論化されているというわけではない。こうした論点の追究は、ハーバーマスを読む側に委ねられている。

ハーバーマスのテクストにおいて顕著なのは、理論と経験的研究との協働の感覚である。ハーバーマス理論の抽象度の高さにはしばしば批判の目が向けられる。しかし、理論の抽象度の高さは、そもそも理論にとって難点なのだろうか。ハーバーマスは、理論と経験的分析とのあいだには分業の関係を想定している。経験的研究との棲み分けと協働を想定すれば、理論にとって抽象度の高さそれじたいが難点になるはずがない。経験的分析との接続を適切に確保しうる理論構成になっているかどうかだけが、その理論の評価点になろう。

ハーバーマスは、現代社会の病理現象を「生活世界の植民地化（Kolonialisierung）」に由来するものとして特徴づける。この理論的言明は、きわめて抽象的な水準でなされている。ハーバーマスはまず、物質の再生産にかかわるシステムの強制が社会統合の形式に介入することいっぱんについて、それを生活世界の隷属（Mediatisierung）として概念化する（TkH II 279（下）一一二）。そのうえでハーバーマスは、この事態の現代特有のあり方を生活世界の植民地化と名づける。ハーバーマスによると、生活世界の植民地化が生起するのは、「コンセンサスに依拠した行為整合が置き換えられえない領域においても、システムのメカニズムが社会統合の形式を押しのけるばあいであり、したがってそこでは、生活世界のシンボルの再生産が危機にさらされる」（TkH Ⅱ 293（下）一二五）。こうして引き起こされた生活世界のシンボル構造の再生産障害こそが、現代社会の病理現象の根幹だと位置づけられる。そのうえでハーバーマスは、生活世界の植民地化という事態が社会国家的調整という文脈のなかで生起したことを論じている（TkH Ⅱ 522-3（下）三五八-九）。近代社会において、システムが生活世界から分出する。そしてシステム（経済システムと行政システム）と生活世界のあいだには、貨幣メディアと権力メディアをつうじた交換関係が成立する。この交換関係において、生活世界の側は、システムと交換可能であることをつうじて、システムの要求の受け入れを迫られる。社会国家的調整という文脈においては、この要求が、システム同調への補償をつうじて生活世界の成員によって受容される。この文脈において、生活世界の植民地化という事態が生起する。(6)

ハーバーマスの社会理論が批判的社会理論として理解されうるのは、たんに生活世界の植民地化テーゼを提出しているからではない。ハーバーマスは、まず第一にコミュニケーション行為理論を定式化し、コミュニケーション合理性が日常的な社会形成の論理に内在しているという視点をし、第二にその視点から、生活世界とシステムからなるものとして社会をとらえるという社会概念を提起し、第三に、生活世界とシステムの関係の問題として現代の病理現象を解析するという時代診断の方法を提示した。ハーバーマスの社会理論が批判的たりえているのは、このような構成全体をつうじてである。そのさい、コミュニケーション合理性概念の理論構成への組み入れや、事実性と妥当性の緊張という論理の社会理論への取り込みといったハーバーマス独自の視点が、ハーバーマス社会理論の批判的理論としての方向を定めることになったことをあらためて確認することができよう。

注

（1）ハーバーマスは、この文脈においては、パーソンズに依拠して説明をおこなっているので、社会が四つの下位システムから構成されているように表記しているが、ハーバーマスじしんは、社会システム理論を全面的に受け入れているわけではない。ハーバーマスは、生活世界とシステムとからなる二層的なものとして社会をとらえている。このハーバーマスの社会概念と対応させるなら、システムと呼んでよいのは、上の二つの象限だけであり、下の二つの象限は生活世界として特徴づけられることになる。

（2）『理論』におけるコミュニケーション行為理論の詳細については、永井彰『ハーバーマスの社会理論体系』東信堂、二〇一八年、四五－一〇九頁を参照。

（3）妥当性要求を主題的に取り扱いその妥当性を吟味する対話全般をさす術語は、論証である。「われわれが論証と呼ぶのは、参与者たちが争われている妥当性要求を主題化し、この妥当性要求を論拠によって履行したり批判したりするタイプの対話である」（TkH I 38（上）四二）。論証には、討議と批判がある。討議とは、その対話のなかで妥当性要求の履行が可能なタイプのもの、つまりは妥当性の根拠を対話のなかで明示的に示しうるタイプのものだけに限定される。

　ここで概念的区別といっているのは、次のような事態をさしている。コミュニケーション行為のばあい、妥当性要求の呈示と承認という過程は潜在的であれおこなわている。ここの妥当性要求を主題的に取り扱うばあいが、論証である。この観点からすると、論証は、コミュニケーション行為の特殊ケースとして理解される。

（4）『理論』における社会概念の詳細については、永井、前掲書、一一三－九六頁を参照。

（5）『事実性と妥当性』における近代国家論の詳細については、永井彰「ハーバーマスの近代国家論」永井彰・日暮雅夫編『批判的社会理論の現在』晃洋書房、二〇〇三年、一九－三八頁を参照。

（6）ここでの議論のポイントは、システムの介入そのものというよりも、それを生活世界の側に持続的に受容させるメカニズムの作動が問題だということである。そのさい、このメカニズムを「社会国家的調整」として特徴づけることが、今日の時点においても有効なのかということは、論点となりうる。これは、現状分析の問題でもあり、それじたい検証が必要である。またこれは、新自由主義を資本主義の新たな段階と位置づけるのかといったより大きな論点ともリンクしており、それについてはただちに決着が付けられるわけではない。現代の資本主義の理解をめぐる論点については、ヴォルフガング・シュトレークによる問題提起と、それにたいするハーバーマスの応答を参照。ヴォルフガング・シュトレーク（鈴木直訳）『時間かせぎの資本主義――いつまで危機を先送りできるか――』みすず書房、二〇一六年。ユルゲン・ハーバーマス「デモクラシーか　資本主義か？」（三島憲一編訳）『デモクラシーか　資本主義か――危機のなかのヨーロッパ――』岩波書店、二〇一九年。たしかに現状分析的な言明には、時代の制約がある。しかし、理論枠組みとしてみると、資本、国家、生活世界の関連で社会総体をとらえるというハーバーマスの設定は、十分に有効であるように思われる。

第2章

EUの正統性とそのポテンシャリティ

――『ヨーロッパ憲法論』を中心に――

舟場保之

はじめに

ハーバーマスが『ヨーロッパ憲法論』[1]において主題化しているのは、タイトルが示す通り、もちろんEUの危機についてである。論文が書かれたのは二〇一一年であるから、二〇一六年に始まる一連のBrexit問題が「EUの危機」として扱われているわけではなく、背景をなしているのは、二〇〇五年にフランスおよびオランダにおける国民投票によってEU憲法[2]の採択が否決された後、二〇〇九年末にようやくリスボン条約の発効にこぎつけたものの、金融危機に端を発したEUの不安定な状況である。しかしハーバーマスが論じることは、こうした眼前の危機的状況そのものに尽きるわけではない。むしろハーバーマスは、EUの立憲化を世界社会（Weltgesellschaft）[3]が政治的に立憲化される途上での「決定的な一歩」（zVE 40 五四）と理解している。EUの立憲化について考察することは、国際法が立憲化され、コスモポリタン的な法的状態が実現される方途を考える上で有力な手掛かりとなる営為であり、モデルとしてのEUの危機は、世界市民体制が実現される途上で克服されなければならない問題を示しているのである。

以下においては、ＥＵの危機をＥＵの正統性の危機として考察する視点から、ＥＵはどのようにして正統化されるのかを明らかにするため、まずＥＵ体制と国民国家のあり方の異同に注目する（第1節）。ＥＵの正統化にとって重要なのは二つの革新であるが、第一の革新が第二の革新によって根拠づけられる以上、後者の果たす役割は理論的にはきわめて大きいと言える（第2節）。さらに、この第二の革新が有効に機能するうえで着目されなければならないのが公共圏である。公共圏のあり方次第で、ＥＵは正統性を維持することが可能になる。ＥＵが世界市民体制のモデルとして考えられているというパースペクティヴからすれば、公共圏の議論は、こうした体制の実現を射程に収めたものであると考えることができる（第３節）。

１　ＥＵの正統性に向けて

この論文においてハーバーマスは、世界市民体制論を射程に収めた形で危機に焦点をあててＥＵ論を展開するが、危機がテーマ化されるうえでその視点を提供するのは、ＥＵの正統性問題である。人民主権をトランスナショナル化することによって、あるいは人民主権をトランスナショナル化しても、ＥＵは正統性を確保できるのか。ハーバーマスによれば、これはヨーロッパに対する懐疑主義者たちが引き合いに出し、否定的な回答を与える問題である（cf. zVE 48 七一）。この問題に答えるにあたり、ハーバーマスはまず、民主制の特徴を手掛かりとする。というのも、体制の正統性は民主的な手続きによって確保されるからである。

民主的な自己決定とは、強制する法律の名宛人が同時にその書き手であることを意味する。民主制においては、市民たちはただ、自分たちが民主的な手続きによって自分たちに与えた法律だけに服する。（zVE 49-50 七三−四）

民主的な体制が正統なのは、市民たちが服する法律は市民たち自身が（間接的にではあれ）定めたものであり、こうした法律にだけ市民たちが服する体制だからである。ハーバーマスがフランス革命を例に挙げるように、こうした体制は、歴史的には国民国家として実現されてきたと言えるだろう。[7] この歴史的事実により、人民主権と国家主権を同一視する錯誤が生じることになる。たしかに「市民たちは、国家の行為において、いわばひとつの政治的集団に属する共同で行為する成員として、自分たちのことを見ることができる」（zVE 52-3 七九）ということはあるだろう。しかし、それはあくまで歴史的―偶然的な状況にもとづく事柄にすぎない。ハーバーマスがカントの概念を用いて説明するところによれば、そもそも古典的な国際法[8]において保証されている主権国家のもつ自由とは、選択意志の自由である。個々の主権国家は、それぞれの行為に関して、他の主権国家による制限を受けるものの「戦争への法」（ius ad bellum）をともなう自由を享受している。それに対して、人民主権は立憲国家における平等な市民たちの政治的自律として成立するのであり[9]、普遍的な法則を前提とするこの「法則的な自由」は、概念的には本質的に「選択意志の自由」とは異なっている（zVE 53 八〇）。そうであれば、国家主権に制限が加えられたとしても、それは選択意志の自由に対する制限を意味するのであって、必ずしも法則的な自由に対する制限を意味するわけではなく、それゆえ人民主権を制限するわけではないことになるだろう。つまり、国家主権を制限することは、ただちに民主的な手続きによる正統性を減じることになるわけではないだろう。「……国家主権を制限することは、民主的な市民という資格を犠牲にして行われなければならない、というわけではない。」（zVE 53 八〇）

人民主権と国家主権を同一視することはたんなる錯誤であり、国家主権を制限しても必ずしも人民主権を制限することになるわけではなく、したがって国家主権を制限するトランスナショナルな体制は、場合によっては人民主権と両立しうるし、民主的な手続きが確保されることによって正統性を得る可能性もあることになる。もちろんそのためには、国民国家の枠内において手にされていた民主的な手続きが、国家主権を制限するトランスナショナルな体制によって、たんに侵害されてはならないだけではない。主権の働きが一部トランスナショナルな体制へと移譲されるにあたり、各国家の市民は他の国家の市民とともに、民主的な手続きにしたがって、国家を超えたレヴェルで妥当する法の制定に参加することができるのでなければならないのでもある（zVE 53-4 八一）。このことによって、「市民たちはただ、自分たちが民主的な手続きによって自分たちに与えた法律だけに服する」ことになり、「強制する法律の名宛人が同時にその書き手であること」によって、トランスナショナルな体制は民主的な自己決定による正統性を得ることができるのである。ハーバーマスが論じるとおり（cf. zVE 54 八一-二）、関係者の数と複雑性には相関関係があるとしても、手続きそのものの質は量的変化の影響を受けないのであれば、国民国家の枠内で可能であった人民主権は、国民国家を超えたレヴェルにおいても、やはり可能であるだろう。それが理論的にいかにして可能になるのかは次節で明らかにすることとして、ＥＵの法と加盟国の法との関係を論じることによって、上述の議論を補強することとしたい。

ハーバーマスは、「あらゆる民主的な公共体が何らかの仕方で具体化しているのでなければならない三つの構成要素」（zVE 55-6 八四-五）を論じ、国家においてのみ、これら「自由で平等な法的人格の民主的な社会化と集団的な行為能力の組織化、そして他者との市民的連帯のための統合メディア」（zVE 49 七二）は、ひとまとまりのものとして（kongruent）形作られていると言う（cf. zVE 57 八六）。国家においては、「法を制定し実施する諸制度が同一の国家の諸機関である」（zVE 58 八八）（この箇所も含め、以下引用文中における強調は、すべてハーバーマスによる）点に特徴を見出すことができる。フランスにおいてならフランスの国法をフランスの議会において、ドイツにおいてならドイツの国法をドイツの議会において、それぞれ民主的に制定し、フランス政府もしくはドイツ政府が、それぞれの憲法を遵守しながらそれぞれの国法を実施するわけである。ところが、「ＥＵにおいては、法の制定と法の実施が異なるレヴェルにおいて行われている」（zVE 58 八八）。ＥＵにおいて、もし法の制定と法の実施が同じレヴェルにおいて行われることであるとしたら、法を実施することができるのは「相変わらず」（zVE 60 九二）暴力を独占する加盟国であるから、法の制定もやはり加盟国によって行われることになるだろう。そうした状況は、「古典的な国際法」（zVE 52 七八）によって戦争への法を備えた主権国家が、相変わらず選択意志の自由を行使する状況である。

人民主権と国家主権は表裏一体をなしており、正統性は国民国家としての法的体制についてのみ、論じられることになるだろう。逆に言えば、法の制定と法の実施が異なるレヴェルにおいて行われるEUにおいては、古典的な国際法とは異なり、ヨーロッパの法が加盟国の法に優先され、暴力を独占する加盟国は連合の法をそれぞれの国法へと変換しなければならないことになる。連合の法を加盟国の法に優先することを、ハーバーマスは、EUの正統性に関する「第一の革新」（zVE 55 八二）と呼ぶが、この優先はもちろん、連合の法の妥当性が加盟国の選択意志の自由から独立していることを含意している。「……この第一の革新とともに……スプラナショナルな公共体の憲法は、この公共体の加盟国の諸組織がもつ暴力から解放されるのである。」（zVE 59 八九-九〇）

以上から、EUの正統性を論じることが、少なくとも可能であることはたしかだろう。もちろん、EUというアソシエーションの構成員が誰であり、この構成員たちはどのようにして連合の法の制定に参加することができるのかといった問題に答えられないかぎり、EUが民主的な公共体であり正統性を有することを、まだ明らかにはできていないことになる。こうした問いに答えることは、そもそもなぜ第一の革新が可能であるのかに答えることでもある。なぜ連合の法は暴力を独占する加盟国の法に優先されるのか。ハーバーマスは、研究者たちによるいくつかの理由に言及しているが（cf. zVE 59 九〇-一）、それらはいずれも、連合の法がなぜ加盟国の法に対して「妥当の優位」（zVE 60 九一）をもつのか、説明できていない。ハーバーマスが説明のために切り札とするものは、先取りして言えば、「第二の革新」（zVE 62 九四）である。

2　EUの正統性に関する「第二の革新」

EUは、国家の性格を有していないのだから、「連合の市民（Unionsbürger）」は、「厳密な意味において国家市民（Staatsbürger）の地位を得ることはない」（zVE 62 九四-五）。他方、EUのパスポートをもつ者は、「ヨーロッパのいずれかの国民[10]（europäisches Volk）」（zVE 62 九五）として、帰属する加盟国の国家市民である。ＥＵを構成する法的人格とは、いったいだれであるのか。換言すれば、ＥＵの憲法制定権力の担い手とは、いったいだれであるのか。

憲法条約の条文[11]やリスボン条約（二〇〇九年）からすると、憲法制定権力の主体は「市民たち」と「諸国家」である。とはいえ、ＥＵ憲法はすべての近代法による秩序と同様に「厳密に個人主義的な性格」を有しており、「つまるところ市民たちの主観的権利にもとづいている」（zVE 67 一〇四）とハーバーマスは言う。そうであれば、ＥＵ加盟国が憲法制定権力のひとつの柱をなすとしても、より厳密にいえば、その柱とは、加盟国の国家市民たちということになるだろう。では、「諸国家」に対置される「市民たち」とはだれのことか。もちろん、連合の市民たちであるだろう。したがって、広義の〈市民たち〉というものを考えるとすれば、この〈市民たち〉は、「二重の仕方で、より高次の政治的公共体の立憲化に参加している。すなわち、将来の連合の市民としての役割とヨーロッパのいずれかの国民に帰属する者としての役割においてである」（zVE 67 一〇三-四）。この「二重の仕方で」という点は非常に重要である。ここで言われていることは、ＥＵ加盟国の国家市民が、ＥＵ憲法制定に参加することを通じて、みずからに連合の市民の権限を付与するわけでもなければ、ＥＵ加盟国の国家市民であることとは無関係に、ＥＵ憲法制定に参加する者がそのことによってそのまま連合の市民になるわけでもない、ということである。憲法制定者は、「根源的に」（zVE 68 一〇四）、ヨーロッパのいずれかの国民であるか、あるいは連合の市民である、というわけではない。最後の言葉をもつ者が、加盟国の国家市民だけであるとしたら、ＥＵ憲法は「古典的な国際法」と変わらないことになってしまうだろう。しかし最後の言葉をもつ者が連合の市民だけであるとしたら、加盟国は制定に参画することのない法の実施を担うことになってしまうだろう。こうした「不幸な二者択一」（zVE 68 一〇五）は、いずれを選んだとしてもＥＵの正統性につながることはない。脱国家的な連邦制の公共体が民主的な性格をもつうえで示唆を与える言葉として、ハーバーマスはボグダンディの次のような文言を引用している。「理論的により説得力があるのは、（同時に）国家の市民でありかつ連合の市民である個人だけを正統性のための唯一の主体として構想することである」(zVE 68 一〇五-六)。[12] ＥＵ憲法を制定する主体とは、加盟国の国家市民にすぎないわけでも（将来の）連合の市民にすぎないわけでもなく、加盟国の国家市民でありかつ（将来の）連合の市民でもある個人にほかならない。同一の人格が、「ヨーロッパ市民のパースペクティヴといずれかの国民の一員のパースペクティヴ」をもち、「同時に、そして等しく、連合の市民としてかついずれかの国民に帰属する者として、判断を形成し、政治的に決定することができる」(zVE 69 一〇六-七)[13] のである。

このように、ＥＵの憲法制定権力の担い手でありＥＵを構成する法的人格とは、同時に連合の市民でありかつ加盟国の国家市民でもある〈市民たち〉であり、こうした〈市民たち〉がＥＵというアソシエーションを構成し、「二重の仕方」で法の制定に参加するのである。「憲法制定権力を連合の市民とヨーロッパの諸国民とで分かちもつこと」(zVE 62 九四) こそが、人民主権がトランスナショナル化され、ＥＵが正統性をもつことに関係する「第二の革新」である。この革新によって、連合の法が加盟国の法に対して優先されるという「第一の革新」は理論的に根拠づけられることになる。

では、主権を分かちもつことは、どのような仕方でＥＵの正統性と関係しているのか。「第一の革新」により、連合の法は暴力を独占する国民国家の法に優先されるが、連合の法は適用に際して国家の憲法裁判所の留保のもとにある。国家においてすでに実現され国家によって保障されている市民の自由があるが、ヨーロッパの法はこれを侵害することがないかぎりで、国家において適用されてもよい、ということである (cf. zVE 71 一一〇)。連合の加盟国がそれぞれ自由を保障する機能をもつことに、ヨーロッパの諸国民がＥＵの憲法制定プロセスに参加することが対応している。ＥＵの憲法が正統であるのは、ヨーロッパ市民の参加に加えて、それがすでに加盟国において保障されている市民の自由を侵害するものではないことが、ヨーロッパ諸国民のＥＵ憲法制定への参加を通じて保証されることによるのである。

ハーバーマスによるアメリカ合衆国とＥＵとの次のような対比には、上記とは別の方向からの正統性を見出すことができる。合衆国憲法を修正するには、「特定多数」の州（Staat. state）の賛成が必要であるが、ＥＵの憲法条約を変更する場合は、加盟国の「一致」が要求される（cf. zVE 71 一一一）。ハーバーマスが「多数」を強調するのは、全員一致である必要はないことを明示するためだろう。合衆国においては、それぞれの州のもつ主権に力点がおかれるゆえに、「一致」によって合衆国それ自身の意志が形成される必要はない。では、憲法条約の変更には加盟国の「一致」が必要であるとは、どういうことなのか。「一致」は、加盟国がＥＵを離脱する際にも必要とされる。ＥＵは、存続の期限が定められることなく創設されたのだが、加盟国はこれから離脱することができ、離脱によって加盟前に保持していたのと同じだけの主権を取り戻すことができる。ただし、加盟国によって離脱の意志が表明されることにより、ただちに離脱が決定されるわけではない。加盟国が離脱するには、加盟国間の全員一致による承認が要求されるのである。なぜなら、加盟することによって、加盟国は主権を分かちもつことを認めているからである。憲法条約の変更にも連合からの離脱にも「一致」が要求されるのは、ヨーロッパの諸国民だけが主権をもつのではなく、同時に連合の市民も主権を分かちもっており、「一致」が、連合の市民としての主権が行使され、連合それ自身の意志形成が果たされることを意味するからにほかならない。

このように、ＥＵは、連合の市民だけが主権をもつのであっても、反対にヨーロッパの諸国民だけが主権をもつのであっても、いずれの場合も正統性をもちえない。かりに前者であれば、ＥＵはすでに個別国家において獲得されている市民の自由を保障できるかどうか定かではないし、後者であれば、ＥＵというあり方そのものの存続がきわめて疑わしいものとなるだろう。ＥＵの正統性にとって、理論的に重要な鍵となるのは、連合の市民とヨーロッパの諸国民とが主権を分かちもつこと、そのことなのである。

国民国家は、内部は連邦制として形成されているとしても、ネーションとしての市民の総体によってのみ構成される。それに対して、……ヨーロッパ連合の基礎は、関与する市民（あるいはその代理人）がはじめからふたつの役割（personae）に分かれていると考えることができる。そしてヨーロッパ市民としての人格が、憲法制定プロセスにおいて、それぞれすでに立憲化されている国家の国民に帰属する市民としてのいわば自己に、向き合うのである。（zVE 69-70 一〇八）

ヨーロッパの〈市民たち〉ひとりひとりが、連合の市民でありかつ国民国家の成員でもあり、ヨーロッパ市民のパースペクティヴと国民の一員としてのパースペクティヴをもつことになる。言うまでもなく、国民の一員として定位する帰属する国家の公共善は、ヨーロッパの次元では特殊な利害関心であるかもしれず、ヨーロッパ市民として定位するヨーロッパ規模の普遍的な利害関心とは相いれない場合があるだろう(cf. zVE 68 一〇六)。このとき、ヨーロッパ規模の普遍的な利害関心を優先することが、主権を分かちもつことによって少なくとも理論的には正統化されうるのはたしかなことである。ヨーロッパの〈市民たち〉は、個別国家に帰属する者としてのみならず、ヨーロッパ市民として判断を下すことができるからである。しかしハーバーマスは、さらに次のように言う。「憲法共同体が個別国家という組織の核を超えて広がるやいなや、……相互に責任を負い合う準備のある市民たちの連帯というものが、いわば同時に生じてこざるを得ない」（zVE 75-6 一一九）。

3　世界市民体制の正統性へ向けて

連帯[14]は、個別国家において、次のように機能しているだろう。たとえば、ドイツ国内において、ドイツ人同士の間に経済格差がある場合、格差是正のための再配分は「同じドイツ人だから」という理由によって正統化されるだろう。しかしこうした連帯は、個別の国民国家を超えたレヴェルにおいては形を変えることになる。たとえばそれは、ＥＵにおいて比較的裕福なドイツ人たちと緊縮プログラムを強いられているギリシア人たちとの間で形成されることになる。このような連帯が形成されることによって、ドイツ人たちにおいては、特殊な利害関心だけを射程に収めるドイツ人としてのパースペクティヴに対して、ＥＵ内における経済格差の是正という視点から、ヨーロッパ市民としてのパースペクティヴが優先され、ＥＵ全体のより普遍的な利害関心が視野に入れられることとなる。逆の観点から言えば、連帯が確保されることによって、「連合の市民は、国境を越えて及ぶ共通の民主的な意志形成へと参加することができる」（zVE 76 一二〇）ことになる。しかし連帯をたんなる心情の問題としないために、ハーバーマスが具体的に描いてみせる、連帯を促進するメディアのありようを考察したい[15]。

既存のナショナルなレヴェルでの公共性をトランスナショナル化するために私たちが必要とするのは、他のメディアではなく、既存の基幹メディアを異なった仕方で用いることである。これらのメディアはヨーロッパのテーマそのものを目の前に示し取り扱うだけでなく、同じテーマが他の加盟国において引き起こす政治的見解や論争についても同時に報告するのである。（zVE 77-8 一二三）

既存の基幹メディアは、これまで、ヨーロッパのテーマをそれぞれ自国の利害関心という視点から報じてきた。もちろんそれは、ナショナルなレヴェルにおいて、自国の政府代表が自分たちのために手に入れるものが何であるのかを民主的に決定するうえで、加盟国の国民の一員にとっては有益であった。しかしこのことは同時に、ヨーロッパのレヴェルにおいて決定される事柄に対して連合の市民が「無関心でいること」（zVE 78 一二三）を意味している。こうした状況において、これまで加盟国の国家市民にとっては有益であるが連合の市民を無関心にさせている同一の「既存の基幹メディア」が、ヨーロッパの同一の問題が他国においてもつ意味を伝えるようになったらどうなるか。このとき、これまでの報道のあり方では無関心でいるほかなかった連合の市民の視点というものが、働き始めると言えるのではないか。同一の問題に関する自国以外の加盟国の利害関心を知ることによって、自国の利害関心が相対化され、より普遍的な見地から問題を捉える可能性が生じるからである。しかも、この可能性を切り開くのが「既存の基幹メディア」である点も重要である。なぜなら、当該のメディアはこれまで自国の利害関心の充足にとって有益な情報を流し、なおそうした情報を依然として流しつつ、同時に自国の利害関心を相対化する情報をも提供するからである。個別国家にとって利するところが大きい情報を伝えるメディアとEU全体を視野に収めて報道を行うメディアが同一であることは、「ヨーロッパのいずれかの国民の一員としての役割と連合の市民としての役割との区別を同一の人格が学ぶこと」（zVE 62 九五）に、まさしく対応している。両メディアがそれぞれ別々であるとしたら、そのことはまた、ヨーロッパのいずれかの国民の一員の役割を果たす者と連合の市民の役割を果たす者は、それぞれ別人であることを意味してしまうだろう。これでは、憲法制定権力をヨーロッパの諸国民と連合の市民とで分かちもつことにはならない。ところが、EUの正統性にとって重要なことは、ヨーロッパの〈市民たち〉が、個別国家に帰属する者として、かつヨーロッパ市民として判断を下すことにあったはずである。

ところで、自国の利害関心に定位した情報を提供する同一のメディアが、その利害関心を相対化し、より普遍的なパースペクティヴの下で情報を発信することによって、個別国家に帰属する同一の市民が、より普遍的な視野の下で判断を下すことができるようになるという構想は、ある議論を想起させないだろうか。カントは『啓蒙とは何か』[16]において、理性使用の仕方を二つに分けている。公職などに就く者が職務上理性を使用する場合、理性は私的に使用されている。たとえば、聖職者が教区で定められた信条書に従って説教をする場合、聖職者は職務を果たしていることになるが、その際、理性は私的に使用されている。あるいは将校が、上官の命令に従って何らかの行為を行うとき、やはり理性は私的に使用されている[17]。それに対して、「読者の世界という公衆全体を前にした、学者としての理性使用」は公的使用と呼ばれる。私的使用の場合と同じ例によって説明されるところによれば、ある教区の聖職者が学者として、信条書の欠点についての入念な吟味を公衆に伝えたり、上官の命令を受けた将校が学者として、軍務における欠陥を指摘し、その指摘を公衆の判定に供する場合、理性は公的に使用されていることになる[18]。聖職者や上官が理性を私的に使用する場合は、一定の共同体において妥当する真理なり規範なりが前提とされており、同一の聖職者や上官が「学者として」理性を公的に使用する場合は、それら真理や規範の妥当性を相対化しつつ問うていることになる。カントがこのように理性使用を二つに分けたのは、「みずからに責任のある未成熟状態から脱出すること[19]」であり、「自分で考える[20]」能力を発揮すること、すなわち啓蒙を実現するための方途を論じるコンテクストにおいてである。カントによれば、啓蒙を実現するうえで理性の私的使用は制限されても問題ないが、「万事において理性を公的に使用する自由[21]」はつねに確保されていなければならない。

こうした議論を、既存の基幹メディアのあり方をめぐるハーバーマスの議論と直接結びつけることは、ことによると牽強付会であるかもしれない。ヨーロッパの諸国民がそれぞれ個別国家の利害関心を考えるときには「自分で考える」能力が発揮されていることにはならず、連合の市民としてＥＵ全体のより普遍的な利害関心を視野に収めるときにはじめて、「みずからに責任のある未成熟状態から脱出すること」になる、という言い方にただちに首肯することは、やはり難しいだろう。しかし、理性が公的に使用されることによって、私的に使用される際に前提とされている真理や規範の妥当性が相対化され問題化される点、この点については、従来ヨーロッパの問題を自国の利害関心の視点から報じていた既存の基幹メディアが、同時に、当該の問題が他国においてもつ意味を伝えることによって、自国の視点を相対化し問題化することと重ね合わせることができるのではないか。このとき、ヨーロッパの諸国民の連帯（すなわちヨーロッパ市民の形成）にとって、既存の基幹メディアが有する自国の利害関心に定位したパースペクティヴは制限されても問題ないが、こうしたパースペクティヴを括弧に入れ、より普遍的な視野の下で報道を行うことは万事において自由でなければならないことになる。

おわりに

議論の出発点は、ＥＵの正統性に関する危機にあった。そこでＥＵがいかにして民主的な手続きを通じて正統化されるかを明らかにするために、まずは人民主権を国家主権と同一視する概念上の必要性はなく、それゆえＥＵの法を加盟国の法に優先する「第一の革新」が可能であり、国家主権を制限するような体制であっても人民主権と両立しうる可能性があることを示した。ＥＵの正統性にとって、理論上決定的であるのは、ヨーロッパの〈市民たち〉が同時にヨーロッパのいずれかの国民の一員かつ連合の市民として主権を分かちもつという「第二の革新」である。この主権の分有とＥＵの正統性のあり方について、ヨーロッパ法適用に関する憲法裁判所による留保と、ＥＵ憲法条約の変更およびＥＵからの離脱に関する加盟国の「一致」に、具体例をみた。最後に、民主的な公共体が成立するうえで不可欠な「第三の要素」（zVE 76 一一九）としての連帯について、とりわけ連帯が形成されるために重要な意味をもつ既存の基幹メディアの働きについて、カントの啓蒙論に言及しながら論じた。

冒頭で触れたように、ハーバーマスがＥＵの危機を主題化するのは、ＥＵを世界市民体制のモデルと考えているからである。ＥＵの正統化を論じることは、このとき世界市民体制の正統化を論じることへと接続されることになるだろう。この観点からも、自国の利害関心と同時に他国の利害関心をも視野に入れ、より普遍的なパースペクティヴをもって報道を行う必要のある既存の基幹メディアのふるまい方を、カントが論じる理性の公的使用と重ね合わせることの意義を見出すことができる。なぜならカントは、理性を公的に使用する者はみずからを「世界市民社会の成員」(22)とみなす者だと書いているからである。世界市民体制の正統化にとって、メディアの果たす役割はきわめて大きいことになる。

注

（1）本章脱稿後に邦訳『ヨーロッパ憲法論』が公刊されたため、訳文などについては参照にとどめた。

（2）厳密には、憲法条約であり、二〇〇九年一二月より効力をもつようになったいわゆるリスボン条約も、憲法条約を修正した改革条約である。

（3）こうしたコンテクストにおいて通常使用される語は「国際社会」（internationale Gesellschaft）であり、「世界社会」という語は耳慣れないかもしれない。しかしハーバーマスが、「社会」を修飾する語としてinternationalではなくWeltを使用することには、十分に含むところがあるだろう。したがって、拙稿においては「世界社会」を使用する。

（4）ハーバーマスは、国民国家を超えたレヴェルについて、トランスナショナル（transnational）な次元とスプラナショナル（supranational）な次元を考えている。例外がないわけではないが（zNR 330 三五六、zVE 59 八九）、基本的にEUはトランスナショナルなレヴェルにおけるアクターとして論じられ、スプラナショナルなレヴェルにおけるアクターは国際連合である。cf. gW 134-5 一八八-九。

（5）また、「脱国家的な世界体制を民主的に構築することに対して」トーマス・ネーゲルが唱える異論も、同様の問題にかかわっている。cf. Habermas, Kommunikative Rationalität und grenzübergreifende Politik: eine Replik, in: Peter Niesen und Benjamin Herborth (Hg.), *Anarchie der kommunikativen Freiheit*, Suhrkamp, 2007, S. 448.

（6）cf. Habermas, Drei normative Modelle der Demokratie, in: EA, S. 277-292. 二七〇-八五。

（7）「たしかに共和主義的な自由、国民皆兵、そしてナショナリズムは、同一の歴史的源泉をフランス革命にもっている」（zVE 53 七九）。

（8）「古典的な国際法」という言い回しは、ＮＡＴＯによるコソボ空爆を容認した、あの悪名高き論文において、コスモポリタン的な法と対置する仕方で論じられている。cf. Habermas, Bestialität und Humanität, in: Reinhard Merkel (Hg.), *Der Kosovo-Krieg und das Völkerrecht*, Suhrkamp, 2000, S. 53.

（9）cf. FG Kap. III. 第三章、EA Kap. IX. 第九章。

（10）ハーバーマスは、Unionsbürgerと対置して、europäisches Volkないしはeuropäische Völkerという言い回しを用いている。前者が「連合の市民」であることを考えるとき、後者二つは「ヨーロッパのいずれかの国民」ないしは「ヨーロッパの諸国民」と訳すほかなく、具体的にはＥＵ加盟国の国民、すなわちフランス人やドイツ人を指していると言えよう。ハーバーマスがeuropäischという形容詞を用いていることには含みがあるに違いないが、いずれにせよ、「ヨーロッパの人民」と訳すのは誤りであろう。

（11）ハーバーマスが言及し、引用しているのは、第一条第一項である。「自分たちの未来を共同で形成しようというヨーロッパ市民およびヨーロッパ諸国家の意志に導かれて、この憲法はヨーロッパ連合を根拠づける。加盟国はその共通の目標を実現する権限をこの連合に移譲する。」周知のように、この条約はフランスおよびオランダの国民投票における否決を受けて、発効されなかった。

（12）Armin von Bogdandy, „Grundprinzipien", in: Armin von Bogdandy/Jürgen Bast (Hg.), *Europäisches Verfassungsrecht. Theoretische und dogmatische Grundzüge*, Heidelberg: Springer, 2010, S. 64.

（13）同じことが、主語を女性形にして繰り返される。「すべての市民（Bürgerin）は、自律的に「はい」と「いいえ」を口にする単独のヨーロッパ人（Europärin）として、かつ一定のネーションに属する者（Angehörige）として、ヨーロッパの意見形成プロセスおよび意志形成プロセスに参加する」（zVE 69 一〇七）。むろん、男性形を使用することによって市民一般を代表させることが避けられている点は正当である。しかし次は、文の順序が問われることになる。

（14）ハーバーマスが考える連帯については、以下を参照せよ。iST, 102-11 七九-八九。そこで明らかにされている連帯は、一定の価値共同体のようなものを前提とし、成員同士が相互をその固有の特質や能力に照らして共同の生活実践にとって価値ある人格とみなし合うといったような、能力主義的―排他的な営みとはいっさい関係しない。

（15）公共圏が理論的に確保されるのは、討議理論にもとづいて公共体が構想されていることと無関係ではない。cf. Habermas, Drei normative Modelle der Demokratie, in: EA, S. 277-292. 二七〇-八五。また、ハーバーマスの「市民社会（Zivilgesellschaft）」（SÖ 45 xxxvii）と公共性については、以下の拙論を参照。舟場保之「手続きとしての公表性がもつポテンシャリティ」日本カント協会編『日本カント研究』No. 18, 知泉書館、二〇〇七年、二四-三七。

（16）Immanuel Kant, Beantwortung der Frage: Was ist Aufklärung?, in: *Kant's gesammelte Schriften. Herausgegeben von der Königlich Preußischen Akademie der Wissenschaften*, Band VIII, Berlin, 1913/23, S. 33-42.

（17）cf. *Kant's gesammelte Schriften*, VIII, 37-8.

（18）cf. *Kant's gesammelte Schriften*, VIII, 37-8.

（19）*Kant's gesammelte Schriften*, VIII, 35.

（20）*Kant's gesammelte Schriften*, VIII, 146, Anm.

（21）*Kant's gesammelte Schriften*, VIII, 36.

（22）*Kant's gesammelte Schriften*, VIII, 37. 金が指摘するように（金慧『カントの政治哲学　自律・言論・移行』、勁草書房、二〇一七年、一〇四-七）、カントの「世界市民」という語の使用法はいくつかに分類可能であるが、それがもしたんに「思考様式」だけを指す語であるとしたら、この語によって何を考えればよいのか、実はまったく不明である。「世界市民」という語が一定の意味をもちうるのは、それが世界市民体制に相対的な存在者を指す語として使用されるからであり、したがって世界市民体制がどのようなものであるのか判然としないとき、「世界市民」がいったい何者であるのかも判然としないだろう。このような視点からすれば、ハーバーマスのこの論文は、世界市民体制のモデルとしてのＥＵを論じることによって、世界市民とはいかなる存在者であるのかということについて、少なくとも潜在的には言及がなされていることになるだろう。

第3章 R・フォアストの政治理論
――正当化への権利の基底性――

田畑真一

はじめに

本章では、「正当化への権利」に基づく独自の構想を示しているR・フォアストの政治理論を取り上げる。フォアストは、現在ゲーテ大学フランクフルトの哲学と政治理論の教授で、寛容論の展開を歴史的かつ体系的に叙述し、そこから寛容を大きく二つの構想に整理したことで知られている。[1] 本章では、こうした寛容論ではなく、『正義のコンテクスト』(KG)や『正当化への権利』(RR)で中心的に展開されている彼の政治理論を検討する。[2]

批判理論をヘーゲル的な方向へと発展させてきたA・ホネット(KuA, LaU, AG)とは対照的に、フォアストは、カント的な方向へ議論を展開している。最初の著作である『正義のコンテクスト』は、『事実性と妥当性』へと結実したJ・ハーバーマスによる研究プロジェクトの一員として執筆された博士論文で、その理論は彼の強い影響下にある。それゆえ、ハーバーマス以後の批判理論の発展・継承に着目するのであれば、フォアストは、ホネットと並んで欠かせない検討対象と言える。[3] 他方で、フォアストは、J・ロールズの下で学んだ経験ももち、独自のカント主義に立脚した政治理論を構想している。彼は、現代政治理論におけるカント主義を代表する論者と見なされ、英米圏の政治理論と批判理論とを架橋する存在でもある。

こうした背景の下、フォアストは、ハーバーマスの理論枠組みを受け継ぎ、独自の議論を展開している。最大の特徴は、カントに従い、政治（理論）に対する道徳の基底性を主張する点にある。本章では、道徳の基底性という主張に焦点を当て、彼の政治理論の全体像を提示する。その際、ハーバーマスとの異同に着目し、批判理論内における政治理論の進展も提示したい。

構成は、以下の通りである。第一節では、「正当化への権利」、そして正当化実践が営まれる「正当化のコンテクスト」としての道徳について明らかにした上で、彼の議論の特徴と言える道徳それ自体を正当化する試みについて確認する。第二節では、彼の政治理論が道徳理論を基礎に展開される点を明らかにした上で、彼の構想がハーバーマスの政治理論、とりわけ等根源性テーゼを乗り越える試みとして捉えられることを示す。

1　フォアストの道徳理論――正当化への権利とそれ自体の基礎づけ――

（1）正当化への権利

フォアストは、理性的動物という古典的定義を参照し、人間を正当化する存在、もしくは理由づけを行う存在として理解する。そこで、人間は「単に正当化を行う能力をもち、他者に理由を示すことで自身の信念と行為に責任をもつだけではなく、一定の文脈においては、このことを義務として考え、そして他者にも同じことを期待する」（RR 9）。正当化で用いられた理由は、疑義や批判に晒され、それに耐え抜くことで、人間が理由づけられた信念や行為を行う上での共有された基礎となる。そのため、正当化は、他者と共有する規範的基礎を形成していく営みでもある。こうした信念や行為の理由を他者に提示する責任を負い合う関係、すなわち互いに「正当化（Rechtfertigung）」を行う関係が、フォアストの議論の出発点となる。

注目すべきは、正当化実践が、各人が他者に対して正当化を行う義務を引き受けることで初めて可能となる点である。そのため、正当化実践には、他者が正当化を要求する権限をもつことの承認が不可欠となる。この権限が、正当化への「権利（Recht）」である。自らが正当化を行い、それを相手にも期待しうるには、一定の条件が必要で、その条件を「正当化への権利」が保障する。この保障により、他者に対して、その信念や行為の理由を要求することが可能となり、相互に正当化を行う関係を形成することができる。

人間を正当化する存在として捉え、正当化実践から他者の正当化への権利の承認が導かれるという理路は、ハーバーマスによる妥当要求に対する分析の再構成と言える。ハーバーマス自身も規範理論の基盤としたこの分析は、コミュニケーション的行為に妥当要求が常に伴うことを基点とする。「常に伴う」とは、コミュニケーション的行為において、行為者が、単に発話内容を伝えるだけでなく、その発言が妥当であることも同時に主張していることを指す。そのため、コミュニケーション的行為の目指す相互理解は、基本的には、一方が妥当要求を提示し、相手がその要求を受け入れ、同意することで成立する。ただし、常に相互理解に至るとは限らず、妥当要求が疑問に付された場合、その立証が必要となる。ハーバーマスは、この契機を討議と呼び、自身の規範理論の中核に据える。討議が核となるのは、そこでの立証こそが妥当性を主張するための条件と捉えられるからである。重要なのは、コミュニケーション的行為において、妥当要求の提示とそれへの問い直しを契機として、討議が行われる点である。

フォアストは、この妥当要求の問い直しという契機を正当化として捉え直したと言える。コミュニケーション的行為で享受される間主観的関係をその関係内部にいる個人の観点から捉え直すことで、コミュニケーション的行為を営む上での規範的核心を正当化への権利として新たに定式化したのである。

（2）フォアストの規範理論——道徳理論を中心に——

次に問題となるのは、正当化実践の内実、すなわち「どのように正当化が行われるのか」である。そこで注目されるのが、正当化の行われるコンテクストである。正当化は、実践的問題の生じたコンテクストに応じて異なるものとなる。すべての正当化実践の基底に正当化への権利がある一方、各々の正当化で求められる理由は、コンテクストに応じて異なる。フォアストは、具体的に、道徳、倫理、法、国家市民（と民主主義）の四つにコンテクストを区別している（KG 388-413）。

以下では、中心的な正当化のコンテクストである（倫理と区別された）道徳を取り上げる。フォアストは、道徳と倫理との区別について、基本的にはハーバーマスと軌を一にしている[4]。道徳では、正当化のコンテクストとしてすべての道徳的人格からなる共同体が想定されるのに対し、倫理では、家族や宗教的共同体などの特定の閉じた共同体が想定される。このコンテクストの違いが、道徳と倫理で求められる正当化理由が満たすべき基準の違いとなる。倫理では特定の範囲で通用する正当化理由で十分なのに対し、道徳では普遍的に正当化可能な理由が求められる。道徳は、すべての人格を対象とするその普遍性から、中心的な正当化のコンテクストとなる。

ただし、両者は、普遍的に正当化可能な理由を判断する方法において異なる。ハーバーマスにおいて、正当化理由が普遍的に正当化可能か否かは、討議で普遍化原理を満たすかどうかを合意し得るか否かによって判断される。これに対して、フォアストは、T・M・スキャンロンの「理に適った拒絶可能性テスト」を参考に、普遍性を「誰もがそれを侵す理由をもたないもの」として、否定的に捉える[5]。

否定的に理解された普遍性は、「相互性（Reziprozität）」と「一般性（Allgemeinheit）」という二つの基準を満たすものと独自に捉え直される。相互性の基準は、他者の同じような要求を拒絶する自らの特権化を禁止する「内容の相互性」と、他者が自らの価値観や利益を共有しているとの安易な想定を禁止する「理由の相互性」から成る。他方、一般性の基準は「一般的に妥当する根本的な規範のための理由は、すべての影響を受ける人によって共有されなければならない」と定式化される。これら二つの基準は「正当化の基準」と呼ばれ、理に適って拒絶可能な要求や主張を峻別するフィルターとなる（RR 15. 82）。フォアストは、否定的理解から導かれた正当化の基準を通じて「間接的に」普遍性を把握する。

普遍性を「誰もがそれを侵す理由をもたない」状態と捉えることは、相互性と一般性を主張し得ない強制に対して各人に「拒否権」を与えることを意味する。拒否権の付与は、翻って「そうした〔相互性と一般性を主張し得る〕理由からは拒絶することができない規範を受け入れる義務（亀甲括弧内筆者）」を導く（KG 69）。正当化の基準に従って拒絶されない要求が（一定程度）正当化されたと見なされることで、それに従う義務が生じるのである。

こうした戦略は、大きく二つの利点をもつ。第一に、困難な状況にある人を自らの命を危険にさらしてまで助けるといった「義務を超える行為」を適切に取り扱うことができる（RR, 106-7）。こうした行為は、理に適って受け入れることも、理に適って拒絶することもできる。しかし、否定的な理解に従えば、まずもって理に適って拒絶可能なことから義務ではないことが明確となる[6]。

第二に、合意が形成できない場合も、正当化の基準に照らした「実質的判断」が可能となる（RR, 107）。相互的で一般的な理由によって支持可能でありながら、そうした基準を満たさない理由によって拒絶されている場合、拒絶された規範的主張は、「理に適って拒絶されたのではない」ことを根拠に正当化され得るものと見なし得る。具体的な基準があることで、どちらの規範的主張が基準を満たしていないのかを検討することが可能となる。

フォアストは、普遍性を否定的に理解することで、義務を超える行為や不合意といった直接普遍性を参照し、合意によって普遍性を把握しようとする戦略が抱えていた問題に対処している。このことで、正当化のコンテクストとしての道徳は、普遍性に根ざしつつ実質的な判断を行えるコンテクストとして提示されるのである。

（3）道徳それ自体の正当化

続いて、正当化のコンテクストである道徳それ自体の正当化という論点を検討したい。先にフォアストは、議論をカント的方向に展開したと述べたが、この点が最も顕著なのが「道徳の正当化」という論点である。

フォアストは、現代のカント主義者が、道徳が普遍主義的内容をもつというカントの説明を受け入れる一方、「道徳には無条件的な根拠が必要だ」とするカントによる道徳の正当化を受け入れない点を問題視する（RR 74）。フォアストが特に批判するのが、道徳的であることの根拠を何らかの善き生に資する（とみなす）ことに求める倫理的正当化である。こうした正当化では、「道徳的当為が、そうした善き生の構想を受け入れていること、そしてつきとめられたこの善き生の構想に資することに、条件づけられる」（RR 58）ことになる。問題は、普遍的道徳が行為者の受け入れという主観的なものに基礎づけられるという逆転した構造にある。無条件的な義務である道徳が、他のものに条件づけられるならば、その無条件性に対して疑義が生じる。それゆえ、道徳は非道徳的動機によっては動機づけられ得ず、他に依存しないという意味での自律性を保持していなければならないのである。

フォアストに従えば、ハーバーマスの議論は、倫理的正当化に留まっている。なぜならば、コミュニケーション的行為の不可避性、すなわち長期的なコミュニケーション的行為からの離脱は不可能で、人々はコミュニケーション的な生活形式の維持に「実存的関心」をもつことを支えとして、ハーバーマスが自身の道徳理論を正当化しているからである（WuR 344-5 四一二、MkH 112 一六二）。しかし、フォアストからすれば、一定の生への実存的関心に依拠することは、道徳以外のものに依拠することを意味し、道徳の自律性は担保し得ないこととなる（RR 92-3）。

では、いかにして無条件的なものとして道徳は正当化されうるのか。先に確認した通り、道徳とは、すべての道徳的人格を対象とした正当化のコンテクストを意味し、そこで各人は「影響を受けた他者による正当化要求への応答責任」を負う。そのため、フォアストにおいて道徳の正当化とは、こうした応答責任、すなわち正当化の義務を、無条件的に負うのはなぜかという問いとなる。そこで注目されるのが、正当化の要求を伴って現れる他者である。他者は、E・レヴィナスが顔のイメージで示したように、「正当化の義務を気付くように呼び掛けてくる」。そこでは、「人間として他者を認識することが、同時に他者を道徳的人格として受け入れる無条件的義務の承認」を意味する。正当化の義務は、こうした他者による呼びかけに応じ、「無条件の責任を受け入れる態度」によって正当化されるのである（RR 62-70）。

　フォアストは、人間としての他者の認識が、その道徳的人格の承認を同時に伴うことを、「二階の実践的洞察（praktiche Einsicht zweiter Ordung）」によって、より具体的に説明している（RR 61）。ここでの「二階」は、行為や規範の正当化理由についての一階の洞察（正当化の原理の再構成による導出）と区別された、正当化の原理自体を支えている正当化の無条件的義務に対する洞察を意味する。「洞察」については、D・ヘンリッヒが示した、善への洞察が、その善の是認を前提とし、是認によってすでに善に拘束されているとする議論が参考にされる(7)。重要なのは、洞察が常に予め洞察される対象の是認を前提とし、さらに是認したことがすでにその対象へとらわれていることをも含意するという独自の論理である。

　この洞察の論理を用いて、フォアストは正当化の無条件的義務を示す。重要となるのは、道徳は自身が道徳的であると理解する人、すなわち道徳的な「世界―内―存在」にのみ理解可能な点である（RR 94）。道徳的観点が前提とされることで、無条件的義務への洞察には、予め無条件的義務の是認が含意されることになる。ここから、無条件的義務の是認、すなわち他者への正当化の義務を認知することは、そうした義務の受け入れも同時に意味することになる。他者の正当化の義務は、理に適って拒絶し得ないものであり、その拒否は道徳性の毀損という代償を払うことによってのみ可能となる（RR 95）。そのため、道徳的観点を採用している限り、正当化の義務は拒絶不可能となる。こうして道徳は、無条件的なものとして、正当化される(8)。

　ハーバーマスとの違いに戻るならば、フォアストにおいては、道徳の正当化で乗り越えるべきとされる対象がそもそも異なると言える。ハーバーマスにおいて、その対象は道徳そのものを疑っている懐疑論者であった（MkH 86-119 一二四-七二）。そのため、懐疑論者さえもコミュニケーション的行為を行わざるを得ないという不可避性が論拠とされた。これに対して、フォアストの議論は、懐疑論者の説得を目指すものではない。道徳とは、自身が道徳的であると理解しない人には、理解し得ない観点なのである（RR 94）。フォアストからすれば、懐疑論者の説得と

いう課題を引き受けたがゆえに、ハーバーマスは倫理的正当化に陥ったと評価しうる。(9)

2　道徳基底的な政治理論——正当化の基本構造——

（1）政治というコンテクスト

前節では、正当化への権利を基点としたフォアストの道徳理論を確認した。続いて、彼の政治理論を検討する。先に確認した、コンテクストに応じた正当化実践という考えに従い、フォアストは、政治を、正当化された仕方で自らの生を統御するための制度や規範から成る「正当化の秩序」として位置づける。他方、はじめにで述べたように、彼の政治理論の特徴は、それ自体正当化された道徳をその核心にもつ点にある。以下では、道徳の基底性と独自のコンテクストとしての政治という二つの主張を中心に彼の政治理論を検討する。

まず、政治のコンテクストとしての正当化の秩序から確認する。「正当化の秩序」は、法と国家市民という二つの正当化のコンテクストから成る。法においては、法的人格として、自らと等しい権利を有する他の法的人格に対して正当化を行う法的共同体が正当化のコンテクストとされる。法のコンテクストでは、現に妥当している法規範が所与とされ、それを前提に自らの行為を正当化する。他方で、国家市民（とデモクラシー）においては、国家市民として法を正当化する政治的共同体が正当化のコンテクストとなる。法の受け手として、現にある法の枠内で正当化を行うのが法のコンテクストであるのに対して、国家市民は、法の作者として、法それ自体を制定するコンテクストを指す。正当化の秩序は、この二つのコンテクストの結合によって構成される（KG 395-402）。

しかし、そもそもなぜ道徳と区別された政治が異なる正当化のコンテクストとして要請されるのであろうか。道徳があらゆる道徳的人格を拘束するのであれば、それで十分なように思える。フォアストは、この問題に、法による倫理的自律の保障という点から答えている。人間は、道徳的人格であると同時に善き生を生きることを望む倫理的人格でもある。そうした人格は、他の人格、もしくは特別な価値や理想との関係を反省し、何が自身にとって重要なのかを問う（道徳と区別された倫理のコンテクストが「特定の」共同体を前提としたのは、自身の背景にある関係性や価値が反省の対象だからである）。フォアストは、こうした善き生の追求のため、法、そしてそれを作る国家市民からなる政治的共同体が必要であるとする。

背景には、「善き生を判断する客観的基準の不在」がある。客観的基準の不在は、J・ロールズが「理に適った多元性の事実」と呼ぶ、善き生に関する問いに、複数の異なる、そして不完全な回答が与えられる事態を招く。ここから、一つの包括（倫理）的教説を選択し、それを政治的共同体の原理とすることはできない[10]。正しい保証がない特定の包括的教説を原理とすることは、それを支持しない人への不当な強制となる。フォアストは、その不当さが「『正当化する存在』としての道徳的自律と尊厳を尊重していないこと」に起因し、道徳的に許容され得ないとする。重要なのは、倫理的自律が、善き生の前提条件であるからではなく、「倫理的自律の毀損が道徳的に正当化し得ないこと」から擁護される点である。それゆえ、保障されるのは、善き生を追求するための実質的自由ではなく、「倫理的生の特定の形式を強制されない」ことに留まる（RR 200-1）。

フォアストは、倫理的生の強制を避けるため、個々人の主観的行為自由を保障する法が必要となると結論づける。法が「人格のもつ特定の倫理的アイデンティティにとっての保護カバー」の役割を果たし、特定の倫理的構想を強制されない自由な領域を保障するのである（KG Kap. 2, RR 176）。ここにおいて、法的人格の尊重が、同時に倫理的確信に従って生きる自由の尊重をも含意する。「人格は、自身の倫理的見解を一般的法の基礎とする権利はもたないが、倫理的アイデンティティを平等に尊重される権利をもつ」とされる（RR 203）。

倫理的自律の保障には、法人格としてこの関係性だけでなく、国家市民による法制定を通じて、法的に保障された自由の領域の範囲を定めることも不可欠となる。そのため、法の正当化を行う国家市民のコンテクストも必要となる。しかし、倫理的生の強制を避けるため、特定の倫理的教説に依拠することは許されない。それゆえ、一般性と相互性という道徳の基準に従い、その範囲は確定されなければならない（RR 203）。倫理的自律は、その毀損が道徳的自律と尊厳を尊重していないがゆえに要請されるのであり、その尊重は、すべての人格を平等に扱う道徳の基準に基づいた範囲の画定によってのみ、果たすことができる。

こうした議論は、理に適った多元性の事実を所与とし、特定の包括的教説に依拠しない政治的構想を示そうとしたロールズの政治的リベラリズムの方向性と同じくする。ただし、ロールズが自身の構想が政治的構想であることを強調し、包括的構想と理解されるようになった普遍的道徳への依拠を避けたのに対して、フォアストは道徳へのコミットメントこそが理に適った多元性の事実の下で必要だとする。[11]

（2）政治における道徳の基底性

続いて、道徳の基底性という主張を確認しよう。この主張は、「道徳的人格として拒絶し得ない権利は、市民の間でも拒絶し得ない」ことから導かれる。道徳は、理に適って拒絶し得ない、他のすべての正当化のコンテクストの「内側にある核心（innerer Kern）」とされる（RR 315-7）。

道徳の基底性は、政治的構成主義と道徳的構成主義という二つの構成主義の関係から説明される。フォアストは、構成主義を、根拠ある仕方で受け入れ可能な素材（Materialien）と計画を用いて、「規範の体系（Normengebäude）」を道徳的に不偏的な基礎の上に打ち立てる方法と理解する（RR 171）。正当化のコンテクストが異なる道徳と政治では「根拠ある仕方で受け入れ可能」なものが異なる。そのため、異なる構成主義が構想されることになる。

道徳的構成主義は、「道徳的人格の構想」を素材、道徳という正当化のコンテクストでの「討議」を構成手続きとすることで、道徳的人格が遵守しなければならない規範を明らかにする。そうした規範は、すべての人間に認められる人権に体現されることから、「誰もが相互的かつ一般的に擁護可能な理由をもって拒絶することができない道徳的権利の構想」に辿り着くとされる。道徳的権利に何が含まれるかは、常に具体的な討議を通じて更新されうるが、その遵守は、すべての社会的コンテクストに要求される（RR 172）。

ただし、「道徳」的権利は、拘束力のある法的権利ではない。道徳的構成主義は、「道徳的権利の妥当性に反対する規範的に受け入れ可能な理由がない権利の一般的リスト」を導くに過ぎない。しかし、道徳的人格として拒絶し得ない権利は、市民の間でも拒絶し得ない。そのため、「道徳的権利は、法的な構成された政治秩序の中で、具体的に正当化、解釈され、制度化されることで、実現されなければならない」。この役割を担うのが、「特定の政治共同体にとっての正しい基本構造の正当化と構築」を目的とする政治的構成主義である（RR 313-5）。

政治的構成主義は、「道徳的人格をその中核にもつ市民」を素材、「政治的意思決定手続き」を構成手続きとする。そこで、市民は、政治的討議を通じて、正当化された社会構造を作り上げるという歴史的に状況づけられた協働の企てに参加し、道徳的権利を具体的なものとして実現することを課題とする。そのため、政治的構成主義には、「予め定まった道徳的権利の単なる適用」ではなく、各々の政治的共同体というコンテクストに則した具体化を意味し、独自の意義をもつ（RR 315）。

実際の正当化においては、道徳的構成主義と政治的構成主義はそれぞれ特定されるのではなく、両者は統合された道徳的—政治的構成主義として現れる。しかし、そこでも道徳的な正当化への権利が「内側にある核心」であることに変わりはない。フォアストにおいて、道徳には他に依存しない自律性が要請されるのに対し、政治には自律性でなく、道徳に基づくことが要請される（RR 315-7）。

以上のように、フォアストの政治理論における道徳の基底性は、道徳的構成主義による道徳的権利の導出と政治的構成主義によるその具体化という関係から明らかとなる。しかし、政治的構成主義での「具体化」は、各々の政治的共同体というコンテクストに即したと述べられるのみで、その中身は依然不明である。この点について、彼は道徳的権利の具体化を「根源的正義」の要請として捉えることで答えている。

フォアストに従えば、正義とは「正当化の基本構造（Grundstruktur der Rechtfertigung）」の問題となる。正当化の基本構造とは、「成員が自身に適用される社会制度、そして自身の権利の解釈とその具体的な実現について、共同で討議・決定する手段」を保障する政治的かつ法的構造を意味する。[11] 根源的正義は、この基本構造の構築を第一の課題とする。基本構造の構築が課題となるのは、相互性と一般性の基準に基づく道徳的な正当化への権利を実効なものとするためである。根源的正義は、正当化の公正な機会の保障によって、正当化の権力をすべての市民の間でできるだけ平等に分配し、平等なものとしての実質的地位を市民に確かなものにすることを目標とするのである。先に確認したように、道徳的権利は法的に拘束力ある形式で保障されなければならない。自由で平等な市民は、互いに正義に適っていると主張しうる基礎構造を正当化し、法制化する義務を負うのである。[12] 根源的正義は、道徳的権利が実効的であるための条件に焦点を当て、そこから何が具体的に要請されるのかを示すことで、政治的構成主義における道徳的権利の具体化のための骨格を提示していると言える。

根源的正義の要請は、「完全に正当化された基本構造」の構築を要請する「最大限の正義」の対比において示される。根源的正義が、「正当化の公正な機会の必要条件」を参照して定められるすべてのコンテクスで不可欠な正義要請を意味するのに対して、完全な正当化を目指す最大限の正義は、「それぞれの社会に相対的な考慮」を踏まえた具体的内容を対象とし、より包括的なものとなる。両者の関係は、決定順序の問題として理解できる。すなわち、最初に根源的正義の観点から基礎的決定がなされ、そのあとにコンテクストに応じて「適切な財や分配パターン」などのより詳細な内容が決定される（RR 283-4）。

重要なのは、根源的正義がすべてのコンテクストに共通して求められる要請で、道徳に根ざした政治的―社会的平等の閾値を定める点である。内容としては、一定の権利と制度に加えて、多数の手段、能力、情報、そして「基本構造内で介入とコントロールを行う実質的機会」の保障が、正当化の公正な機会に不可欠なものとして要請される（RR 282）。一見して分かるように、その内容は、最大限の正義による具体化を待つことなく一定の厚みをもつ。

こうした根源的正義は、すべての社会が従っていなければならない閾値として、政治的決定を行う上で満たさなければならない（最低限の）条件を示しているとも捉えられる。根源的正義が要請する正当化の基本構造は、「社会が正義の要求に合致するためにいかなる諸条件―より正確にはいかなる手続き的、そして実質的正当化関係―を最低限保持していなければならないのかに関わる原理」とされる（RR 15）。このことは、翻って、正当化の基本構造に従った討議は、（最低限）不平等な権力に歪められていないと考えることを許す（RR 284）。このようにして討議が一定の閾値に達するならば、そこでの帰結は一定の正統性をもつこととなる。

（3）唯一の規範的源泉としての正当化への権利――等根源性テーゼ批判――

以上明らかにしてきたように、フォアストの政治理論は、道徳をその核心としている。前節の道徳の自律性という論点と併せて考えれば、彼の政治理論は、正当化への権利を唯一の基盤とする理論と言える。こうした彼の立論は、批判理論内の政治理論の進展という観点からすれば、ハーバーマスによる等根源性テーゼへの批判と位置づけられる。以下では、「フォアストがハーバーマスをどのように乗り越えようとしているのか」という点から、彼の政治理論がもつ特徴を確認したい。

まず、ハーバーマスの等根源性テーゼを確認しよう。等根源性とは、私的自律としての人権と公共的自律としての人民主権のどちらが優先するのでもなく、互いに支え合う関係であることを意味する。フォアストは、等根源性テーゼが主観的行為自由を保障する「法（形式）」と討議での正当化を規範の条件とする「討議原理」という二つの前提から導かれたと理解する。等根源性は、法と討議原理によって政治理論を基礎づける戦略と捉えられる(14)。

フォアストが批判するのは、政治理論が法と討議原理という「二つ」の規範的源泉をもつとする点である。ハーバーマスは、普遍化原理に基づく正当化を要請する道徳とは区別された領域として、政治（と法）の領域を理解するため、道徳ではなく、法と討議原理のみを前提とする理論構成をとっている（FuG 154-5（上）一五一）。しかし、普遍的道徳、すなわち相互的かつ一般的な正当化への権利こそが政治の規範的核心と考えるフォアストからすれば、こうした議論は批判されなければならない。フォアストからすれば、私的自律と公共的自律が相互に支え合う等根源性も、この正当化への権利という「一つ」の起源に由来するのである。

ハーバーマスの誤りは、「人権の正当化をあまりに法内在的な仕方で行った」ことに求められる（RR 169）。「法内在的」ということで意味されているのは、ハーバーマスが法を「近代社会における行為調整の不可避のメディア」として前提している点である。そこで法は「正当化されず、歴史的発展の成果として前提とされている」（RR 160）だけで、何ら正当化の対象とされない。その結果、ハーバーマスにおいては、法が果たす規範的役割に十分な関心が払われないこととなる。これに対して、フォアストは、先に確認したように、法が「人格のもつ特定の倫理的アイデンティティにとっての保護カバー」の役割を果たすことを示している。法は、倫理的自律の毀損への対処という道徳的要請に従って必要とされるのであり、ここに彼の道徳の基底性という特徴が現れている。

フォアストは、単に近代における事実として法を前提とするのではなく、道徳の基底性に根ざした法に対する正当化を与え、そのことで正当化への権利という一つの源泉からの一貫した理論を提示している。こうした方向性には、道徳それ自体の正当化という論点と同様、規範の前提を徹底して問う彼の姿勢が現れている。フォアストは、道徳の基底性とそこからの一貫した理論展開によって批判理論内での政治理論の更新を試みているのである。

おわりに

本章では、フォアストの政治理論を、ハーバーマスと比較しつつ検討した。彼の政治理論は、自律的なものとして正当化された道徳を規範的核とし、それを唯一の規範的源泉とする。こうした議論は、徹底したカント主義に支えられており、この点こそが彼の政治理論の最大の特徴となっている。

フォアストのあまりに強い普遍主義、そして義務論に対しては、その方向性自体に疑念が向けられ得る。とりわけ、批判理論という枠組みとは相容れず、もはや分析的な政治理論に近いと批判されることもある[15]。しかし、フォアストの普遍的な道徳へのコミットメントは、それまでの議論の前提を徹底して批判した成果であり、従来の批判理論の伝統と外れる部分があるにせよ、依然として「批判」理論と言える。少なくとも、徹底した批判を通じて得られた普遍性への立脚は、我々が規範について批判的に考える上での試金石となる。フォアストが示した一つの到達点をフォアスト以上に徹底的に問うことが、今後の批判理論内での政治理論の課題と言える。

註

（1）フォアストの寛容論については、以下を参照。山岡龍一「政治的リアリズムの挑戦――寛容論をめぐって――」『ニュクスNyx』四号、堀之内出版、二〇一七年。

（2）本章では、Rainer Forst, *Kontexte der Gerechtigkeit: Politische Philosophie jenseits von Liberalismus und Kommunitarismus*, Suhrkamp Verlag, 1994をKG, Rainer Forst, *Das Recht auf Rechtfertigung: Elemente einer konstruktivischen Theorie der Gerechtigkeit*, Suhrkamp Verlag, 2007をRRと略記する。

（3）ホネット、フォアストを含む現在の批判理論における研究動向については、以下を参照。成田大起「現代フランクフルト学派の社会批判――ポスト・ハーバーマス時代の批判理論――」『思想』一一三九号、二〇一九年。

（4）ハーバーマスにおける道徳と倫理の関係については、EzD Kap. 5を参照。また、「基本的に」と述べたのは、フォアストが、倫理の理解において、ハーバーマスとの違いを強調するからである（RR Kap. 3）。

（5）T. M. Scanlon, 'Contractualism and Utilitarianism' in Amartya Sen and Bernard Williams (eds.) *Utilitarianism and Beyond*, Cambridge University Press, 1982.

（6）この点で、フォアストは、ほぼスキャンロンの議論に従っている。T. M. Scanlon, 'Contractualism and Utilitarianism,' 111-3.

（7）Dieter Henrich, 'Der Begriff der sittlichen Einsicht und Kants Lehre vom Faktum der Vernunft,' G. Prauss (Hg.), *Kant: Zur Deutung seiner Theorie von Erkennen und Handeln*, Kiepenheuer & Witsch, 1973.

（8）フォアストにおける「道徳の正当化」については、以下も参照。宮田賢人「ライナー・フォルストの正義論の批判的検討――ハーバーマス以後の討議理論の進展とその成否――」『阪大法学』第六七巻第五号、二〇一八年、九八七–九一一頁。

（9）　こうした立論は、道徳的であろうとしていることを所与とするため、動機づけの問題は問われなくなる。この点については、ホネット以降の「内在的批判」に依拠した議論と対比して、以下で論じた。田畑真一「批判は可能か――再構成に基づく内在的批判の試み――」田畑真一・玉手慎太郎・山本圭編『政治において正しいとはどういうことか――ポスト基礎付け主義と規範の行方――』勁草書房、二〇一九年、一二五–六頁。

（10）　John Rawls, *Political Liberalism: expanded edition*, Columbia University Press, 2005, 36-8.

（11）　ロールズは、フォアストの道徳へのコミットメントは（カント的な）包括的構想であると批判するであろう。しかし、フォアストは、ロールズが本来避けようとしたのは、倫理的教説からの自立で、道徳からの自立ではないとし、逆に、ロールズが道徳と倫理を適切に区別せず、混同していると批判する（RR 136-7）。

（12）　Rainer Forst, 'The Justification of Human Rights and the Basic Right to Justification: A Reflexive Approach,' *Ethics*, 120（4）, 2010, 736. 加えて、RR 354 も参照。

（13）　「根源的」とされる理由は、正義の反対が恣意性とされていることからも理解できる。恣意的支配とは、正当な理由を欠いた支配を意味し、そうした支配は究極的には正当化への権利の無視から生じる（RR 10）。恣意的支配との関係については、以下を参照。内田智「もうひとつのグローバルな『批判的＝政治的』正義論の可能性：分配的正義論と政治的リアリズムを超えて」『思想』一一五五号、二〇二〇年、一六〇–二。

（14）　フォアストは、法と討議原理という二つの規範的源泉をもつ主張として等根源性を理解するが、この理解は等根源性テーゼを、権利の論理的生成というハーバーマスの（別の）主張（FuG 154-5（上）一五〇–一）と連続的に理解することに支えられている。異論も考えられるが、本章ではこの理解に従う。

（15）　代表的なものとして、Amy Allen, *The End of Progress: Decolonizing the Normative Foundations of Critical Theory*, Columbia University Press, 2016, Chap. 4 を参照。

第4章 ハーバーマスの「普遍化原理」と討議倫理学の展開
――K・ギュンター及びM・ニケによる新たな討議倫理学的構想――

久高將晃

はじめに

本章は、「討議倫理学（Diskursethik）」の道徳原理の問題との関わりから展開された新たな討議倫理学的構想を主題とする。そこでまず、J・ハーバーマスが提示した討議倫理学の道徳原理を簡潔に説明し、この原理の問題とそれに関連してハーバーマスが新たに導入した二つの概念、すなわち規範の「適切性（Angemessenheit）」と「要求可能性（Zumutbarkeit）」を略述する（第1節）。次に、規範の適切性における討議倫理学の展開としてギュンターの構想（第2節）を、そして規範の要求可能性におけるその展開としてニケの構想（第3節）を論じる。最後に、二つの新たな討議倫理学的構想の意義について述べる（第4節）。

1 ハーバーマスの「普遍化原理」とその問題

討議倫理学は、一九六七年にK-O・アーペルによって提唱され[1]、その後アーペルとハーバーマスによってその基本的な体系が形成され[2]、今日ではM・ニケやM・ケットナーやM・H・ヴェルナーらによって展開されている[3]。討議倫理学は、その名の通り、実践的「討議」によって道徳的対立の解決を主張する「倫理学」である。それでは、なぜ討議に着目するのか。それは、ハーバーマスによれば、暴力や妥協などではなく、理由に基づく合意によって道徳的対立を解決することを我々は望んでおり（cf. EA 56 五一）、理由に基づく合意は討議において得られるからである。それ故、道徳的対立の討議による解決を討議倫理学は主張するのである。それでは、討議倫理学の道徳原理はどのようなものであろうか。

（1）討議倫理学の道徳原理としての「普遍化原理」

ハーバーマスは、討議倫理学の道徳原理として以下のような「普遍化原理（Universalisierungsgrundsatz）」（以下（U）と記す）を提示している。

（U）ある規範に一般的に従うことから各人の利害状況と価値志向に関して生じると予見される結果と副次的影響を、すべての関係者が共同して強制なく受け入れることができる時、そしてその時にのみ、その規範は妥当である（EA 60 五五。強調はハーバーマス）。

（U）が述べていることは、関係者全員が各々の利害関心に照らして受け入れること（つまり合意）ができる規範は妥当であるということである。それ故、（U）に従って関係者全員が合意できる規範は道徳的対立を解決できる。討議倫理学によれば、我々は実践的討議において（U）に従って規範の妥当性を検討することで、道徳的問題を解決することができるのである。ハーバーマスが提示した（U）は、アーペルやギュンターやニケなど多くの討議倫理学者によって（批判的にであれ）討議倫理学の道徳原理として認められている[4]。

（2）普遍化原理の問題――規範の適切性と要求可能性――

しかし、本当に（U）だけで道徳的問題を解決することができるのであろうか。ハーバーマスは『道徳意識とコミュニケーション行為』（一九八三年）では、（U）を補完する必要はないという見解を持っていた（cf. MkH 193 一七八）。しかしその後、（U）の問題との関わりにおいてその見解は修正されている。すなわち、ハーバーマスは、（U）が扱う規範の妥当性以外に、規範の適切性と要求可能性という概念を新たに導入しているのである。それでは、（U）の問題とそれに関連するハーバーマスの応答を簡潔に見てみよう。

①ヴェルマーの批判と規範の適切性

A・ヴェルマーは『倫理学と対話』（一九八六年）において、現実の問題状況に（U）を適用することは困難であると（U）を批判している[5]。それでは、その困難とは何か。ヴェルマーはこう述べている。「目下の状況の下でどのように行為することが正しいのかに答えるためには、例外条件を伴ったより複雑な規範を定式化しなければならないことは明らかであろう。……しかしそれによって、各人に対する規範に一般的に従った結果と副次的影響を確定し、さらに各人に対して生じるであろう結果と副次的影響をすべての人が受け入れることができるかどうかに答える、という課題は途方もなく困難となる[6]」。例えば、「嘘をつくことで友人を助けてもよい」というより複雑な規範に従った結果は、友人を助けようとする者には受け入れられるであろうが、友人に危害を加えようとしている者には受け入れられないであろう。つまり、その規範はすべての関係者によって受け入れられるわけではない。それ故、（U）を用いて現実の問題状況に答えることには困難があるのである。

このヴェルマーの批判に対して、ハーバーマスは『討議倫理』（一九九一年）において、「根拠付けの討議（Begründungsdiskurs）」と「適用の討議（Anwendungsdiskurs）」を区別し、適用の討議で検討される規範の適切性という概念によって、答えようとしている（cf. EzD 137-41 一六一-五）。ハーバーマスによれば、「『目下の状況の下でどのように行為することが正しいのか』という問いは……規範の根拠付けと適用という二つの論証の歩みを必要とする」（EzD 138 一六一）。すなわち、まず根拠付けの討議では、（U）に従って規範の妥当性が検討され、次に適用の討議では、「適切性の原理（Prinzip der Angemessenheit）」に従って規範の適切性が検討される。それでは、規範の適切性とは何か。ハーバーマスはこう述べている。「既に妥当であると前提された諸規範のどれが、状況のできるだけ完全に把握された重要なすべての特徴に照らして、この事例に適切であるのかが、ここ〔適用の討議〕では示されなければならない」（EzD 114 一三三。角括弧は引用者の補足）。つまり、規範の適切性とは、現実の問題状況に対して規範が適切であるという性質のことである。それ故、以前の（U）に関する見解とは異なって、「道徳原理〔（U）〕は適用の討議では、適切性の原理によって補完されるのである」（FuG 140（上）一三八。角括弧は引用者の補足）。しかし、ハーバーマス自身は適切性の原理を明示的に提示しておらず、規範の適切性の詳細については、ギュンターの理論を援用している。そこで、第二節において、規範の適切性に関するギュンターの構想について論じることにする。

②アーペルの批判と規範の要求可能性

アーペルは「カント以後の道徳性の立場はもう一度実質的人倫性へ『止揚され』得るのか？」（一九八六年）において、（U）は現実の問題状況では責任倫理学の原理としては不十分であると（U）を批判している。[7] その理由は、（U）の適用条件が現実の世界では与えられていないからである。（U）の適用条件とは、簡潔に言うと、（U）によって根拠付けられた規範にすべての人が従っている世界すなわち「理想的コミュニケーション共同体（ideale Kommunikationsgemeinschaft）」が成立していることである。[8] しかし、言うまでもなく、現実の世界では理想的コミュニケーション共同体は成立していない。それ故、現実の世界では、（U）によって根拠付けられた規範にすべての人が従っているとは限らないので、討議の相手が常に妥当な規範に従っていると仮定して行為することは無責任なのである。例えば、嘘をついているかもしれない人に対しても常に正直であることは、時には無責任な結果をもたらすであろう。従って、(U) は責任倫理学の原理としては十分ではないのである。この批判のポイントは、妥当な規範の一般的遵守が現実の世界では成立していないということにある。と言うのも、妥当な規範の一般的遵守の成立が (U) の適用条件であるからである。

ここで問題となっている規範の一般的遵守に関連して、ハーバーマスは『討議倫理』や『事実性と妥当性』(一九九二年)において、規範の要求可能性という概念を新たに導入している。[9] それでは、規範の要求可能性とは何か。ハーバーマスはこう述べている。「規範の一般的遵守が成立しているという (U) において明示的に挙げられている) 前提の下でのみ、道徳原理に照らして規範の妥当性は示されるが、この前提条件が満たされていない時、規範は妥当であるにも係わらず、要求可能ではない」(EzD 199 二三五-六、cf. FuG 148 (上) 一四五。強調はハーバーマス)。つまり、妥当な規範が我々に要求可能であるためには、その規範が一般的に遵守されている必要がある。そうすると要求可能性において問題となるのは、妥当な規範が一般的に遵守されているかどうかである。この問題に対してハーバーマスは、「法的な制度化によって初めて、道徳的に妥当な規範の一般的遵守を保証することができる」[10] (EzD 199 二三六) と答えている。しかし、ハーバーマスは、法が規範の一般的遵守を保証できる理由を論じておらず、規範の要求可能性に関する議論を詳細に展開していない。それに対して、要求可能性の条件である規範の一般的遵守に着目して新たな構想を展開したのが、ニケである。そこで、第三節において、規範の要求可能性に関係するニケの構想について論じることにする。

2　規範の適切性における討議倫理学の展開――ギュンターの討議倫理学的構想――

第一節で論じたように、ヴェルマーの批判に答えるためにハーバーマスは、規範の適切性という概念を導入し、ギュンターの理論を援用していた。ギュンターは規範が適切か否かという問題を、『適切性へのセンス』(一九八八年)

において根拠付けの討議と適用の討議とを区別し、適用の討議によって解決しようと試みている。

（1）根拠付けの討議と適用の討議の区別

ギュンターによれば、[11]（U）を原理とする根拠付けの討議は規範の妥当性を対象とする。根拠付けの討議では、規範そのものが吟味される。つまり、規範を関係者全員が各々の利害関心に照らして受け入れることができるかどうかが問題となる。それに対して、適用の討議は規範の適切性を対象とする。適用の討議では、規範そのものではなく、適用状況との関わりにおける規範が吟味される。つまり、適用状況の特徴を考慮して、その状況に規範が適切かどうかが問題となる。ギュンター曰く、「我々が状況のすべての特徴を考慮し、規範がその状況に適切であるかどうかを吟味する時にのみ、我々は、その規範をその状況に適用することが正しいかどうかを決定できるのである」[12]。

しかし、本当に根拠付けの討議と適用の討議とを区別することができるのであろうか。この区別をギュンターは、規範の二つの衝突事例によって説明している。[13]

第一に、「約束は守るべきである」という規範は「利益をもたらす時はいつでも、約束を守らなくてもよい」という規範と衝突する。規範のこの衝突では、どの規範が妥当であるのかが問題となる。それ故、この問題状況では、（U）に従って、各々の規範に一般的に従うことから生じるであろう帰結を受け入れることができるかどうかが検討される。そして、規範の妥当性を検討するのが、（U）を原理とする根拠付けの討議である。

第二に、ある状況では、「窮地に陥っている友人を助けるべきである」という規範と「約束は守るべきである」という規範が衝突することがある。規範のこの衝突では、二つの規範は共に妥当であろう。と言うのも、（U）に従って、どちらの規範についてもそれ自体としては、規範に一般的に従うことから生じるであろう帰結を受け入れることができるからである。つまり、複数の妥当な規範が衝突する問題状況がある。それ故、この問題状況は（U）に基づく規範の妥当性では解決することはできない。ここでは、二つの妥当な規範が適用される状況の特徴を考慮して、どのような規範がその問題状況に適切であるのかを検討する必要がある。そして、規範の適切性を検討するのが、適用の討議なのである。

このように、第一の事例では、どちらの規範が妥当かという規範の妥当性が問題となっており、第二の事例では、どちらの規範も妥当であるので規範の妥当性は問題とはならず、どのような規範が問題状況に適切かという規範の適切性が問題となっている。それ故、規範の妥当性を対象とする（U）だけでは解決できない問題状況がある。従って、規範の適切性を対象とする適用の討議が必要であり、根拠付けの討議と適用の討議とは区別されなければならないのである。

それでは、どのようにして、そして、どのような原理に従って、適用の討議において規範の適切性は判断されるのであろうか。

（2）適用の討議における規範の適切性

規範の適切性を検討する適用の討議は二つの段階に区別される。第一に、規範が適用される状況をすべて記述する段階があり、第二に、状況に適用可能な諸規範を整合的に解釈する段階がある[14]。この適切性についての討議を理解するために、以下の具体的な事例を考えてみよう。

【事例】Xは、スミスに彼のパーティーに参加すると約束したが、その後すぐに、親友ジョーンズが重い病気でXの急な助けを必要としていることを知った[15]。

この事例では、「約束は守るべきである」と「窮地に陥っている友人を助けるべきである」という規範が競合している。そして、この二つの規範は共に、根拠付けの討議において（U）に従って正当化できるので妥当であり、妥当な規範としてこの問題状況に一見したところ（prima facie）適用可能である。

第一に、適用の討議では、この二つの規範が適用される状況がすべて記述される[16]。この事例には、競合する二つの規範に関連して道徳的に重要な特徴が二つある。すなわち、「Xは友人にパーティーに参加すると約束した」と「Xの親友が急な重い病気でXの急な助けを必要としている」という特徴である。これらの重要な特徴をすべて記述したのが、状況のすべての記述である。ギュンターによれば、「討議の参加者が一見したところ適用可能なすべての規範を状況のすべての記述と関係づけて初めて、どのような規範が状況に適切であるかどうかは確定され得るのである」[17]。例えば、Xが「私は友人にパーティーに参加すると約束した」という（問題状況の）一面的な記述しか考慮しないなら、「約束は守るべきである」という規範に従おうとし、問題状況への規範の適切性は判断できないであろう。それ故、Xは、規範の適切性を判断するためには、問題状況のすべての記述を考慮しなければならないのである。それでは、問題状況のすべての記述に基づいて、どのように規範の適切性は判断されるのであろうか。

第二に、適用の討議では、競合する二つの規範が整合的に解釈される。そして、「整合性の基準（Kohärenzkriterium）」（以下（K）と記す）が、規範の適切性を判断するための適用の討議の原理である。ギュンターは、「私は整合的解釈の原理を、我々が適用の討議において妥当な規範の適切な適用という要求を正当化することができる原理として説明したい[18]」と述べている。（K）をギュンターは以下のように定式化している。

（K）生活形式Lxに含まれ、根拠付けの討議において正当化することができ、状況Sxに適用可能なすべての規範Nlと、規範Nxが調和し得る時、NxはSxに適切に適用可能である[19]。

それでは、（K）に従ってどのように規範の適切性は判断されるのであろうか[20]。前述の事例を考えてみよう。その問題状況では、「親友ジョーンズを助けるべきである」という判断は次の規範によって正当化できるように思われる。

（N1）窮地に陥っている友人を助けるべきである。

しかし、（N1）はこの問題状況に一見したところ適用可能であるにすぎない。それ故、Xは、（N1）と同様に、問題状況に一見したところ適用可能な次の規範（N2）に従わない理由を説明しなければならない。

（N2）約束は守るべきである。

ここで、状況のすべての記述に基づいて、（K）に従って適用可能な規範の整合的な解釈が行われる。そして、この解釈の結果、次の規範（N3）が得られるであろう。

（N3）突然窮地に陥った友人を助けるためには、重要ではない約束は守らなくてもよい。

（N3）は、（N1）と（N2）との間の優先関係を示すことで、この二つの規範を調和させている。それ故、Xは（N3）に基づいて、「親友ジョーンズを助けるべきである」という判断を正当化することができるのである。

以上のように、ギュンターは、（U）に従って規範の妥当性を判断する根拠付けの討議と（K）に従って問題状況に対する規範の適切性を判断する適用の討議とを区別し、適用の討議によって現実の問題状況で我々が従うべき規範を示そうとしている。この構想のポイントは、規範の妥当性だけでは解決できない問題状況を明らかにし、規範の適切性という領域を拓いたことにある。

3　規範の要求可能性における討議倫理学の展開——ニケの討議倫理学的構想——

第一節で論じたように、アーペルの批判で問題となっている規範の一般的遵守に関連して、ハーバーマスは規範の要求可能性という概念を新たに導入していた。ハーバーマスによれば、妥当な規範が要求可能であるためには、この規範が一般的に遵守されている必要がある。それ故、規範の要求可能性において、規範の一般的遵守が問題となる。ニケは『道徳性と遵守妥当性』（二〇〇二年）において、規範の一般的遵守に着目することで、（U）の問題を解決しようと試みている。(21)

（1）規範の遵守妥当性

ニケが提案している新たな討議倫理学的構想すなわち「道徳の現実的討議理論（eine realistische Diskurstheorie der Moral）」の特徴は、規範の「妥当性（Gültigkeit）」と「遵守妥当性（Befolgungsgültigkeit）」とを区別することにある。(22)規範の妥当性とは（U）に従って規範が妥当であるということを、規範の遵守妥当性とは規範に従うべきであるということを意味する。ニケがこの区別を行うのは、妥当であるにも係わらず、従うべきではない規範があるからである。ニケによれば、我々は（U）によってたしかに規範の妥当性を判定できるが、規範の遵守妥当性は判断できない。それ故、（U）では現実の問題状況でどの規範に従うべきかを判断できないのである。それでは、どのようにして我々は現実の問題状況で従うべき規範を判断できるのであろうか。ニケによれば、我々は、規範が実際に一般的に遵守されているかどうかに基づいて、規範の遵守妥当性を判断することができる。すなわち、「現実の行為世界ですべての人が互いに道徳規範Nに従うという想定に責任が持てること」すなわち「相互性の責任」(23)が、遵守妥当性の基準となる。そこで、ニケは規範の遵守妥当性に関する原理（以下（B）と記す）を以下のように定式化している。

（B）道徳規範が、Uに従って妥当であり、現実の行為世界において［その規範の一般的遵守の］相互性に責任が持てる時、その道徳規範は遵守妥当である。(24)

つまり、現実の問題状況において妥当な規範の一般的遵守が成立している時、その規範に従うべきなのである。

（2）「帰結規範」の遵守妥当性

しかし、妥当な規範の一般的遵守が成立していない時、我々はどうしたらよいのであろうか。ニケによれば、遵守妥当な「帰結規範（Folgenorm）」に基づいて行為すべきである。[25] 帰結規範とは、（U）に従って妥当ではあるが、（B）に従って遵守妥当ではない規範から帰結する規範である。そして、妥当な規範から導かれる帰結規範そのものは、妥当ではないが、その妥当な規範に「独特な仕方で」関係している規範である。と言うのも、ニケによれば、帰結規範に従って行為する者は、帰結規範を導いた妥当な規範の一般的遵守を実現するという義務の下にあるからである。この関係によって、帰結規範の道徳性は保証される。そして、帰結規範が以下のような帰結規範の遵守妥当性に関する原理（以下（BF）と記す）に適っている時、我々は帰結規範に従うべきなのである。

（BF）（Uに従って妥当な道徳規範Nに関する）帰結規範N'に一般的に従うとは限らないことから、各人の利害関心や選好の充足に関して生じると予見される帰結と副次的結果を、実際にNに従うすべての者、Nに一般的に従うとは限らないことに実際に関わるすべての者、そしてN'に従うことに関わり、［その利害関心が］代弁されるすべての者が、合理的に受け容れることができる時、N'は遵守妥当と言われる。[26]

帰結規範の例として、ニケは以下の事例を挙げている。[27] 例えば、ある収容所では収容されている人々が飢えに苦しみ、拷問され、暴力を加えられ、監視人との討議によっては、これらの人々を助けることはできないとしよう。その時、（U）に従って妥当と考えられる「理由なく危害を加えてはならない」という規範に従うことはできない（つまり、その規範は遵守妥当ではない）。と言うのも、この規範の一般的遵守は成立していないからである。そこで、この規範から「最小限の犠牲で収容者を力でもって解放させるべきである」という帰結規範が導かれる。そして、この帰結規範が（BF）に適っている時、この規範に従うべきなのである。その時、この帰結規範は、帰結規範を導いた妥当な規範の一般的遵守の実現を目指している。というのも、この状況で道徳的に責任を持って最小限の力を行使することは、理由なき暴力が不必要となるような状況の実現に従事しているからである。この意味でその帰結規範は、ニケによれば道徳的なのである。

このようなニケの討議倫理学の構想は以下のような体系を持っている[28]。

領域（a）（U）に従って妥当な規範の領域→（U）に基づく規範の妥当性の領域

領域（b）（U）に従って妥当であり、現実の問題状況で遵守妥当な規範の領域→（B）に基づく妥当な規範の遵守妥当性の領域

領域（c）（U）に従っては妥当ではないが、現実の問題状況で遵守妥当な帰結規範の領域→（BF）に基づく妥当ではない帰結規範の遵守妥当性の領域

ニケによれば、規範の妥当性を対象とするハーバーマスの（U）も、妥当な規範の適切性を対象とするギュンターの（K）も、妥当な規範の領域しか扱っていない[29]。しかし、それでは現実の問題状況に十分に対処することはできない。なぜなら、現実の世界には、妥当な規範が一般的に遵守されている状況だけではなく、妥当な規範が一般的に遵守されていない状況も含まれているからである。そこでニケは、妥当な規範が一般的に遵守されていない状況にも対応するために、妥当ではないが遵守妥当な規範の領域もその理論体系に組み込むのである。それが、帰結規範の遵守妥当性の領域（c）である。

以上のように、ニケは、三つの領域（（a）、（b）、（c））を考慮することで、現実の問題状況で我々が従うべき規範を示そうとしている。この構想のポイントは、規範の妥当性と遵守妥当性とを区別し、妥当な規範だけではなく、妥当ではない（帰結）規範の遵守妥当性の領域をも拓いたことにある。

4　新たな討議倫理学的構想の意義

ハーバーマスが提示した討議倫理学の道徳原理（U）には問題があり、この問題に答えるためにハーバーマスは規範の適切性と要求可能性という概念を新たに導入した（第1節）。この二つの新たな概念と関連して、現実の問題状況に対応するために新たな討議倫理学を構想したのが、ギュンターとニケであった。まず、ギュンターは、妥当性を対象とする根拠付けの討議と適切性を対象とする適用の討議とを区別し、規範の妥当性以外に、規範の適切性の領域が必要であることを明らかにした（第2節）。ここにギュンターの構想の意義があると言える。次に、ニケは妥当性と遵守妥当性とを区別し、妥当な規範の遵守妥当性の領域だけではなく、妥当な規範が遵守妥当ではない現実の問題状況にも対応するために、妥当ではないが遵守妥当な帰結規範の領域も提示していた（第3節）。ここにニケの構想の意義があると言える。要するに、ギュンターとニケの討議倫理学的構想の意義は、規範の妥当性以外に、適切性や（妥当ではない規範も含めた）遵守妥当性という新たな領域を拓き、それによって現実の問題状況に対処することのできる討議倫理学を提示したということにある。

言うまでもなく、これらの構想にも批判が提起されている[30]。それ故、もしこれらの構想が維持されるべきであるならば、その批判に答えなければならない。あるいは、もしこれらの構想が擁護できないのであるならば、ギュンターとニケが拓いた領域に対応できる新たな討議倫理学を構想する必要がある。そして、ここでは論じることができなかったが、ギュンターとニケとは異なった新たな討議倫理学を構想しているのが、「格律の倫理学としての討議倫理学（Diskursethik als Maximenethik）」を主張しているヴェルナーである[31]。

注

（1）討議倫理学が誕生した年については、M. H. Werner, „Diskursethik“, in: M. Düwell, Chr. Hübenthal und M. H. Werner (Hg.), *Handbuch Ethik*, Stuttgart/Weimar: J. B. Metzler, 2002, S. 147を参照。

（2）アーペル及びハーバーマスの討議倫理学については、K.-O. Apel, *Diskurs und Verantwortung*, Frankfurt am Main: Suhrkamp, 1988, J. Habermas, MkH, EzDを参照。

（3）討議倫理学の展開については、M. Niquet, *Moralität und Befolgungsgültigkeit*, Würzburg: Königshausen & Neumann, 2002, M. Kettner, „Neue Perspektiven der Diskursethik“, in: A. Grunward und S. Saupe (Hg.), *Ethik in der Technikgestaltung*, Berlin: Springer, 1999, S. 153-195, Werner, *Diskursethik als Maximenethik*, Würzburg: Königshausen & Neumann, 2003を参照。

（4）道徳原理として（U）が認められていることについては、Apel, *Diskurs und Verantwortung*, K. Günther, *Der Sinn für Angemessenheit*, Frankfurt am Main: Suhrkamp, 1988, Niquet, *Moralität und Befolgungsgültigkeit* を参照。

（5）（U）に対する批判については、A. Wellmer, *Ethik und Dialog*, Frankfurt am Main: Suhrkamp, 1986, S. 63-5（加藤泰史監訳『倫理学と対話』法政大学出版局、二〇一三年、八二-三頁）を参照。

（6）Wellmer, *Ethik und Dialog*, S. 64（八二-三頁）（強調はヴェルマー）。

（7）（U）に対する批判については、Apel, *Diskurs und Verantwortung*, S. 127-8を参照。

（8）（U）の適用条件については、Apel, *Diskurs und Verantwortung*, S. 128を参照。

（9）ハーバーマスの要求可能性がアーペルの批判に関連しているという解釈については、Werner, *Diskursethik als Maximenethik*, S. 178-9を参照。

（10）ハーバーマスの法による規範の一般的遵守の保証に対する批判については、N. Gotschalk-Mazouz, *Diskursethik*, Berlin: Akademie, 2000, S. 153-4を参照。

（11）根拠付けの討議と適用の討議については、Günther, *Der Sinn für Angemessenheit*, S. 55-6を参照。

（12）Günther, *Der Sinn für Angemessenheit*, S. 55.

（13）二つの規範の衝突事例については、Günther, „Ein normativer Begriff der Kohärenz für eine Theorie der juristischen Argumentation“, in: *Rechtstheorie*, 20, 1989, S. 168-70を参照。第一の衝突事例は「内部衝突（interne Kollision）」と、第二の衝突事例は「外部衝突（externe Kollision）」と呼ばれている。

（14）状況のすべての記述の段階については、Günther, *Der Sinn für Angemessenheit*, S. 287-99, Günther, „Ein normativer Begriff der Kohärenz für eine Theorie der juristischen Argumentation", S. 171-2, S. 175-7 を参照。規範の整合的な解釈の段階については、Günther, *Der Sinn für Angemessenheit*, S. 299-307, Günther, „Ein normativer Begriff der Kohärenz für eine Theorie der juristischen Argumentation", S. 178-81 を参照。

(15) この事例については、Günther, *Der Sinn für Angemessenheit*, S. 261, Günther, „Ein normativer Begriff der Kohärenz für eine Theorie der juristischen Argumentation", S. 171 を参照。

(16) ギュンターの「状況の特徴」を「状況の道徳的に重要な特徴」と解釈すべきことについては、Gottschalk-Mazouz, *Diskursethik*, S. 177 を参照。本章もこの解釈に従う。

(17) Günther, „Ein normativer Begriff der Kohärenz für eine Theorie der juristischen Argumentation", S. 175.

(18) Günther, „Ein normativer Begriff der Kohärenz für eine Theorie der juristischen Argumentation", S. 166.

(19) Günther, *Der Sinn für Angemessenheit*, S. 304-5.

(20) 以下の整合的解釈については、Günther, „Ein normativer Begriff der Kohärenz für eine Theorie der juristischen Argumentation", S. 178-9 を参照。

(21) ニケの構想が要求可能性に関係しているという解釈については、Gottschalk-Mazouz, *Diskursethik*, S. 162, Werner, *Diskursethik als Maximenethik*, S. 181 を参照。ニケの構想については、拙稿「討議倫理学の新展開――マルセル・ニケの『道徳の現実的討議理論』について――」『MORALIA』（東北大学倫理学研究会）第一五号、二〇〇八年、一四四-一六〇頁所収、及び、拙稿「討議倫理学の『適用問題』に対する新たなアプローチ――マルセル・ニケの『道徳の現実的討議理論』における「相互性」の原理について」『人間科学』（琉球大学法文学部人間科学科紀要）第二三号、二〇〇九年、二四五-二六一頁所収を参照。

(22) 規範の妥当性と遵守妥当性との区別については、Niquet, *Moralität und Befolgungsgültigkeit*, S. 121-3 を参照。

(23) Niquet, *Moralität und Befolgungsgültigkeit*, S. 123（強調はニケ）。

(24) Niquet, *Moralität und Befolgungsgültigkeit*, S. 124（角括弧は引用者の補足）。

(25) 帰結規範については、Niquet, *Moralität und Befolgungsgültigkeit*, S. 125-8 を参照。

(26) Niquet, *Moralität und Befolgungsgültigkeit*, S. 127（角括弧は引用者の補足）。

(27) 以下の事例については、Niquet, *Moralität und Befolgungsgültigkeit*, S. 126-7 を参照。この事例でニケは、（BF）の「実際にNに従うすべての者」と「Nに一般的に従うとは限らないことに実際に関わるすべての者」として収容者とその解放者を、「Nに従うことに関わり、代弁されるすべての者」として監視人を想定していると考えられる。

（28）以下の体系については、Niquet, *Moralität und Befolgungsgültigkeit*, S. 130を参照。

（29）ハーバーマスとギュンターへの批判については、Niquet, *Moralität und Befolgungsgültigkeit*, S. 133-4を参照。

（30）ギュンターの構想に対する批判については、Gottschalk-Mazouz, *Diskursethik*, S. 172-90, Werner, *Diskursethik als Maximenethik*, S. 170-8を、ニケの構想に対する批判については、Gottschalk-Mazouz, *Diskursethik*, S. 162-72, Werner, *Diskursethik als Maximenethik*, S. 207-25を参照。

（31）ヴェルナーの構想については、Werner, *Diskursetihk als Maximenethik*、及び、拙稿「討議倫理学の新展開――M・H・ヴェルナーの『格律の倫理学』としての討議倫理学について――」『フィロソフィア・イワテ』（岩手哲学会）第四一号、二〇〇九年、三一-四四頁所収を参照。筆者も「仮想的討議」に基づく新たな討議倫理学を構想している（拙稿「討議倫理学の適用可能性――討議倫理学の道徳原理は現実の問題状況に適用可能か――」『哲學』（日本哲学会）第六七号、二〇一六年、二〇一-一五頁所収を参照）。

第5章 ハーバーマスとルーマン
——批判的社会理論と社会システム理論における言論の自由と真理——

小山　裕

はじめに

ハーバーマスの批判的社会理論の今日的可能性を、特にニクラス・ルーマンの社会システム理論との比較を通じて問おうとするとき、言論の自由と真理を主題とすることが時宜にかなっていよう。ハーバーマスとルーマンは、ともにコミュニケーションを基礎概念とする社会理論（以下「コミュニケーション的社会理論」と表記）を構築したが、その内実は大きく異なっている。本章では、一九七一年に出版された論争書（TGS）で展開された争点の中でも特に真理の概念化に注目し、両者の社会理論の対立点を明確にする（第1節）。その上で社会理論における真理の位置づけの相違は、両者の言論の自由の概念化にも刻み込まれていることを明らかにする（第2節）。こうした検討を通じて、両者の社会理論が現代社会に対してもつ含意を引き出しつつ、相互補完的な関係にあることを示す（第3節）。

1　コミュニケーションと真理

ハーバーマスが真理の合意理論を最初に提示したのは、ルーマンとの論争書に収められた論文「コミュニケーション能力の理論のための予備的考察」においてである（TGS 101-41 一二五-八一）。もちろん言語への注目は、彼の一九六〇年代半ばの作品から確認でき、また真理の合意理論の中心概念である理想的発話状況や討議倫理の萌芽も同時期に執筆されたゲーレン批判の論考内に見られる（PpP 208-14（上）一六七-七四）。それゆえ真理の合意理論の成立に際してルーマンの真理論との対抗関係が果たした役割は、過度に強調されるべきではない[1]。それにもかかわらず、ハーバーマスとルーマンの真理概念を両者の間の論争に即して比較することは、それぞれの理論の特徴を際立たせるのに有効である。なぜなら両者の間には、（一）自身が批判する真理概念を「存在論的」と形容した上で、（二）それに代わる真理の理論をコミュニケーションの概念にもとづき提起するという立論形式上の共通点が存在するからである。そこで本節では、これら二点を中心に、一九七〇年代初頭に繰り広げられた真理の概念化をめぐる両者の論争を、その後のそれぞれの理論展開を適宜踏まえつつ再構成する。

（1）コミュニケーション・メディアとしての真理

存在論は、ルーマンの一貫した批判対象の一つであった[2]。彼は、存在論を「存在／非存在という区別から出発し、この区別に従って他のすべての区別を秩序づける観察様式[3]」と定義する。ルーマンによれば、この観察様式は、出来事や事物の総体を存在のまとまりとして把握する。換言すれば、存在論は、出来事や事物の観察から非存在を排除する。あらゆる出来事や事物は、存在の側にあり、非存在は無である。この意味での存在論的な観察様式は、近代に至るまで支配的であったのであり、今日でもなお影響力を保持しているとされる。

ルーマンが存在論を批判するのは、それが別様可能性という事態を適切に捉えることができないからである。別様可能性は、特に社会的次元と密接に関連する。ある出来事や行為が人によって異なる意味をもって体験されていることが明らかになったとき、それらは別様可能なものとして人々の前に現象している。そうした意味づけの齟齬は、コミュニケーションの継続、さらには安定的な社会秩序の達成にとって障害となる。その意味で、社会的次元の別様可能性をどのように捉えるかは、コミュニケーションや社会秩序それ自体の理論化に直結する問題である。ルーマンの見るところ、存在論は、社会的次元で生じる別様可能性という問題を真理のような確実な基礎によって解消している(4)。

存在論にもとづく真理概念に代えてルーマンが導入するのが機能的に定義された真理概念である。つまりコミュニケーションの達成に対する機能という観点から真理を捉え直すのである。実のところ、人々の間の多様な意味づけを解消する確実な基礎としての真理という概念化自体、すでに機能的な把握が前提となっている。真理は、否定しえない知識として間主観的な強制力をもって君臨することにより、社会的複雑性を縮減する機能を有しているというのがルーマンの分析である。

しかし、社会的次元の問題に対処しうるのは、真理だけではない。真理は、そうした機能を担う媒体（メディア）の一つでしかなく、法や権力や貨幣も同様の機能を有している。ルーマンは、これらを指し示すために、タルコット・パーソンズの理論体系から、象徴的に一般化されたコミュニケーション・メディアという概念を借用する。これは、文字通り、コミュニケーションの蓋然性を高めるために、個別具体的な状況に対してある程度無差別に（つまり一般的に）使用できる象徴を意味する。ルーマンは、コミュニケーションを、他者から伝達された情報が自我によって理解されるときに成立すると捉える。このとき他者と自我のコミュニケーションへの関わりがそれぞれ体験にもとづくか行為にもとづくかによって四つの類型を作ることができる。それぞれの象徴的に一般化されたコミュニケーション・メディアは、その特性に応じて、いずれかのコミュニケーションの安定化に寄与すると捉えられる

表１　象徴的に一般化されたコミュニケーション・メディア

	自我の体験	自我の行為
他者の体験	真理　価値関係	愛
他者の行為	貨幣　芸術	権力

出典：TGS 345 四二九。訳語と形式を一部変更。

（表１）。この図式によれば、真理は、自身の理性の否定をともなうことなしには否定しえないものであるがゆえに、他者が体験したことを自我も同様に体験するというコミュニケーションが成立する蓋然性を高める機能をもつメディアである。

ルーマンは、社会秩序に対して真理が果たしている役割を相対化した。真理は、たしかに社会的複雑性を縮減する。しかし、真理が対処しうるのは、限られた特定のコミュニケーションでしかない。近代社会という複雑な社会秩序においては、真理だけが社会的次元の問題を制御しているのではなく、権力や貨幣や愛といったメディアもコミュニケーションの接続の蓋然性を高める機能をそれぞれ担っている。ルーマンが存在論的観察様式を批判するのは、それが近代社会における社会的次元の多様性を捉え損なっているからである。

（２）真理のための討議

ハーバーマスも、ルーマンと同様、自身が批判する真理理論を「存在論的」と形容する。しかし、それを批判するときの観点は、ルーマンとは異なる。ルーマンが注目したのは、真理概念が前提とする区別であったのに対し、ハーバーマスが問うのは、命題の真偽の判定手続である。ハーバーマスによれば、存在論的な真理理論（真理の対応理論とも呼ばれる）が許容するのは、「命題が現実に対応していたり、実在を再現ないし模写していたり、現実と同型的であったりするときにのみ、その命題は真である」とする判定手続きである（TGS 123 一四九）。しかしながら、「命題が現実に対応している」という説明もまた一つの命題である以上、こうした真偽の判定方法は、不十分であるとハーバーマスは批判する（TGS 123-4 一四九）。

そこでハーバーマスが提起するのが真理の合意理論である。これは「すべての他者の潜在的な同意」を命題の真理条件とする理論である（TGS 124　一五〇）。つまり現実との対応ではなく、人々の合意にもとづいて命題の真偽を判定しようというのである。これにより真理をめぐる問題は、任意の命題の真偽の判定から、真の合意と偽の合意の区別の判定へと移し替えられることになる。

しかし、存在論的真理概念を拒否する以上、合意の真偽の判定基準もまた合意にもとづかなければならないため、これは問題の先送りでしかない（TGS 134-5　一六二）。これを回避するためにハーバーマスが導入したのが「討議における理想的発話状況の先取り」という論理である（TGS 136　一六三）。これは討議が討議であるための条件、討議への参加者が遂行的に承認している条件を解明するという戦略である。ハーバーマスによれば、相互了解を目指すコミュニケーション的行為は、自身の発言が客観的に真であること（真理）、社会規範に照らして正しいこと（正当性）、自分自身を欺いていないこと（誠実性）、という三つの妥当性要求を暗黙裡に掲げているのであるが（TkH I 148-9（上）一四九-五〇）、中でも真理と正当性の妥当性が問題化されたときに、討議という特殊なコミュニケーションが要請される（TGS 115　一三九）。ハーバーマスによれば、この意味での討議は、定義上、相互に論拠を提示しながら行う批判を伴い、それに参加する者は、理想的発話状況を常にすでに先取り的に想定している（TGS 139-40　一六七-九）。理想的発話状況とは「コミュニケーションが外部からの偶発的影響だけでなく、コミュニケーションそれ自体の構造から生じる強制によっても妨げられない発話状況」を意味し（TGS 137　一六四）、「理想的発話状況という条件下で達成可能な合意はすべて真の合意としてそのまま妥当することが許される」（TGS 136　一六三）。真理や正当性の妥当性要求の検証のためには、対等な立場で行われる自由な相互批判が不可欠であるとすれば、理想的発話状況は、討議の構成的条件である。要するに、ハーバーマスは、強制のない自由な環境下で発揮される人々の理性的なコミュニケーション能力を基礎に真理を概念化した。

このようなハーバーマスの関心からすれば、ルーマンの機能的な真理概念は、真理が真理であることの論証を欠いている点で問題的である。ハーバーマスの理解では、他者の体験を自我も同様に体験するというコミュニケーションは、他者が自身の認識の主観的な確実性の妥当性を要求し、それを自我が否定しえないものとして受容するというコミュニケーションの別表現である（TGS 221-2 二六九－七〇）。ルーマンのように、コミュニケーションの蓋然性を高めるメディアとして真理を捉えるならば、真理はもはや権威や信頼や強制や効用――これらには真理の妥当性にとって本質的な批判可能性が欠如している――といった他の同様の機能をもつメディアと区別できなくなる（TGS 225 二七三－四）。要するに、ルーマンは、特定のコミュニケーションの維持のために機能している真理を、実際に機能しているという理由だけで理論の前提として採用しており、そこには経験的な妥当性要求しかなく（TGS 226 二七五）、批判可能性という真理の特性を説明するための理論――ハーバーマスにとってはそれが討議における理想的発話状況の先取であった――をもちえていないというのである。

（3）真理と社会構造

このような批判に対して、ルーマンは、ハーバーマスの討議概念を討論という一つの社会システムとして捉え直し、それが社会の中で機能するための社会的条件を指摘することで応答した（TGS 316-41 四〇二－二六）。ルーマンの見るところ、ハーバーマスの討議概念は、一つのアポリアを抱えている。先に見たように、ハーバーマスの討議概念は、疑義が投げかけれた真理や正当性の妥当性要求を検証し、何らかの決着をつけることを目的とする特殊なコミュニケーションであり、そのためには強制から解放された状況を必要とする。しかしながら、これらの両立は困難である。なぜなら、討議は、定義上、問題化された妥当性要求について決着をつけることを参加者に強制するからである。そうでなければ、討議はその機能を放棄したことになる（TGS 326 四一一）。完全に強制のないコミュニケーションというものがあるとすれば、そこには、合意に至らない自由も含まれていなければならないし、反対に、合意を首尾よく達成するためには、参加者は、いくつかの自由を放棄することが強いられる。完全に自由なコミュニケーションを許容していては、討議は討議として成立しない。

それゆえ問題は、討論システムが実際に機能するために参加者に課す拘束力の性質である。先に見たように、討論システムへ参加する者は、主題の共有と主題に関する合意形成が強いられる。またそこでの議論は、個人的な事情が中立化されていなければならないし、また事柄に即したものでなければならない。つまり自分らしさやその時々の感情など、主題に無関係な表現行為は、排除されるか、無視されなければならない。同様に、討論システムへの参加者が家族や雇用関係といった討論システム外の社会関係や自身の過去から一時的に解放される必要がある。ひとたび討論への参加が許されるならば、過去の経緯や周囲との関係は、括弧に入れられなければならない。つまり討論システムが社会の中で機能するためには、他の社会システムからの影響から自由でなければならない。他方で、討論は、そのつどゼロから始められなければならないというわけではない。むしろ討論においては、主題に関する知見の蓄積が共有され、参加者には主題に対する新たな貢献が絶えず要請される。このように討論システムは、理性的な討論以前に、討論のルールを尊重するなどの道徳的な参加条件を課す。討論の成功には、これらの条件の充足が不可欠である（TGS 326-33 四一四－八）。

こうした条件を安定的に満たしうるのは、近代社会では、ごく限られた領域に限られる。その典型は科学である。先に見たような、知の更新を目的とする人格に依存しない事柄に即した議論、相互批判、政治や経済や家族からの自律、厳格な規律といった要素は、近代の科学的コミュニケーションの本質的な特徴である。

ところで、こうしたコミュニケーションが可能になるためには、社会が機能分化という構造を獲得している必要がある。真理や権力や貨幣といったコミュニケーション・メディアが未分化であり、それゆえ、「科学的真理を発見できる人物に政治権力を譲渡せよ」とか「富豪の言説だから科学的に正しい」といった命題が自明のものとして受け入れられている社会では、科学が政治や経済といった外的な要素に左右されることなく、真理の探求だけに専心することは不可能であろう。その意味で、真理や権力や貨幣といったメディアが相互に分化している状態は、各機能的コミュニケーションが独自の合理性を展開させるための条件である。のみならず、そうした状態は、機能分化の安定化に大きく寄与するし、事実、そのようになっている（TGS 344-8 四二七-三二）。こうした分析にもとづき、ルーマンは、討議の成功をもっぱら人間のコミュニケーション能力によって基礎づけようとするハーバーマスの構想が多くの社会的条件を看過することになっていると反批判した（TGS 338 四二二）。

この背景にあるのは、分化の解消に近代社会の危機の源泉を見出すというルーマンの社会理論に特有の問題意識である。近代社会では、政治や経済や法や学問は、機能的に分化することで、それぞれに異なる公共的な役割を担っている。それぞれがそれぞれに独自の合理性を発揮するためには、機能分化した各領域が自律性を獲得していなければならない。つまり権力や貨幣だけでなく、真理の社会的影響力もまた限界づけられなければならないのである。そのために必要とされるのが真理の中立化とコミュニケーションの自由の保証である。なぜなら「真理は相互排他的であるが、コミュニケーションは矛盾を許容する」からである。[5]

もし政治が経済や学問と直結し、分化が解消されるならば、経済的自由や学問の自由は窒息する。同様に、真理の名のもとに他の領域が統合されるならば、自由なコミュニケーションが不可能になる。これがルーマンの機能分化社会理論の根底にある問題意識である。社会における真理の相対化は、現状認識だけでなく、こうした問題意識にも支えられている。そうであるとすれば、ハーバーマスとルーマンの対立点は、近代社会における自由なコミュニケーションと「真理」の関係をどのように構想するかという問いに帰着する。次節では、言論の自由という観点から、この点を掘り下げていく。

2　言論の自由と社会構想

言論の自由[6]は、ハーバーマスやルーマンのようなコミュニケーションを起点に社会を捉える理論にとって一つの難問である。言論は、それをもっとも幅広く定義すれば、コミュニケーションの必要条件である。統制や妨害などにより言論が不可能になっている状況では、コミュニケーションもまた不可能である。それゆえコミュニケーション的社会理論にとって言論の不自由は、社会の不在を意味し、言論の自由が存在しない社会は、消極的にしか理論化されえない。コミュニケーション的社会理論は、たとえ特定の言論を封殺する言論を捉えることができたとしても、封殺された言論それ自体を社会理論の平面に積極的に位置づけることができないのである。

それゆえ、コミュニケーション的社会理論が言論の自由を積極的に位置づけるためには、自由な言論およびそれを保障する言論の自由をより狭く概念化する必要がある。そうした限定は、保護に値する言論とそれ以外の言論という線引きを言論空間の内部に引くことを意味する。これは同時にコミュニケーション的社会理論が憎悪表現の規制といった現代的な問題に接近するための前提である。

（1）市民的公共圏と言論の自由

ハーバーマスは「われわれが理想的発話状況という概念で先取りする生活形式に一致する歴史上の社会は存在しない」と述べる（TGS 140-1 一六九）。しかし、強制なき自由なコミュニケーションが真理という観点から意義づけられている点に注目するならば、この理論構想が、彼の市民的公共圏の概念を下敷きに構築されたものである可能性が見えてくる。事実、ハーバーマスは、市民的公共圏の意義を自由な言論の交換を通じた真理の発見に求め、さらに、それを保障するものとして言論の自由という基本権を意義づけていた。

ハーバーマスは、初期西欧近代における「論議する公衆」からなる市民的公共圏の成立過程を次のように描く。中世の封建的な秩序を支えた再現前的公共圏が封建領主たちの陪臣化により縮減すると、それに代わり恒常的な行政と常備軍を備える公権力が出現した。この公権力が対峙した私人は、当初、官職に就くことができず、公権力に服従するだけであった（SÖ 74-5 一一九–一二〇）。しかし、公的領域からの排除は、私的領域における不自由を必ずしも意味しない。公的領域と私的領域の区別は、私的領域における自由の前提にもなりうる。ハーバーマスによれば、公的領域からの自由を獲得した私人たちは、文学や演劇や音楽がある種の商品として公共的に流通するに伴い、コーヒーハウス（英）やサロン（仏）や夕食会（独）での私的な集いにおいて、そうした芸術や文化の批評を通じた相互了解という実践に従事するようになる。そうした空間では同じ言語を用いる平等な人間という自己理解にもとづき、日常の身分を度外視しなければならないという作法が貫徹する。この普遍性ゆえに討論への参加者である公衆の潜在的な範囲は次第に拡大していく（SÖ 90-9 五〇－八）。こうした非政治的な市民的公共圏は、討論による批評＝批判の対象を最終的に公権力まで拡張し、政治的に機能するようになる。

この政治的に機能する市民的公共圏を担う市民は、政治から自由な私人にとどまった。つまり彼らが公権力に対して要求したのは、公権力の分割でもなければ、自らの支配権の確立でもなく、私的領域からの公権力の監査であった。政治を論議する公衆が目指すのは、公論によって、支配を理性の尺度と法律の形式に従属させ、支配の実質を転換させることであった（SÖ 87 四七）。

こうした理念の実現の舞台とみなされたのが公論に支えられた立法である。「私人たちの公共的な論議は、正当性と権利を同時に非暴力的な仕方で達成するという性格を説得的に主張するため、公論にもとづく立法もまた明示的に支配として妥当しうるものではない」。なぜなら、ハーバーマスによれば、「公共圏の『支配』は、その理念によれば、支配そのものが解消する秩序である」からである（SÖ 152-3 一一三）。政治から自由な空間で繰り広げられる理性を用いた討論は、真理を確定する。そうした真理にもとづいて制定された各種の法律（Gesetze）は、自然界にさまざまに存在する物理法則（Gesetze）が自然を意のままに操っているのではないのと同様に、人々を恣意的に支配するものではない。この意味での法律は万人に平等に適用されるという意味で普遍的である。市民的公共圏の理念とは、真理への従属による、支配からの解放であったというのである。

ハーバーマスによれば、言論の自由は、出版・報道の自由や集会・結社の自由と並んで、こうした論議する公衆からなる市民的公共圏を保障するために制度化された基本権である（SÖ 153 一一四）。これらの基本権は、人々が私的領域にとどまりながら、真理のための討論、理性的な合意の形成、公権力の監査といった活動に従事する自由を保障するために、公権力による私的領域への恣意的な介入を禁止する。公的領域からの自由は、市民的公共圏が機能するための前提だからである。

それゆえ、公的領域と私的領域の自由主義的な区別の消失という構造転換とともに、市民的公共圏は機能不全に陥る。ハーバーマスによれば、西欧では一九世紀後半以降、一方では資本主義が引き起こす問題に対処するために国家による社会への介入が始まり、また他方では選挙権の拡大による国家に対する社会の影響力の増大が生じた（SÖ 225-6 一九七-八）。その結果、文化や政治を論議する公衆は、それらを消費するだけの大衆へと変容し、「公共の論議の中で達成されていた合意は、非公共的に戦い取られるか、理屈抜きに押し付けられた妥協に屈するようになる」（SÖ 273 二三五）。これに伴い、法律は、もはや真理にもとづくものではなくなり、普遍性を要求しえなくなる。

こうした時代診断に対する処方箋としてハーバーマスが提示したのが言論の自由などの政治的に機能する公共性を保障する基本権の再解釈である。「政治的に機能する公共圏を保証する一連の基本権（言論と思想の自由、結社と集会の自由、報道の自由など）が、構造転換した公共圏の事実上の形態への適用に際しても本来の機能を有意味に充足しうるためには、もはや〔国家の不介入を要請する〕禁止命令的なものとしてではなく、参加の保障として積極的に解釈されなければならない」（SÖ 331-2 二九六）。必要なのは、国家機関だけでなく、国家と関連しながら活動する組織も公共圏の要請に服させることであり、こうした制度的な基盤が整えられれば、自立した私人からなる公衆に代わる、組織化された私人からなる公衆が登場するだろう（SÖ 337 三〇一）。ハーバーマスは、政治について論議する公衆を復権させるために、言論の自由という権利を政治から自由な空間を維持するためではなく、真理のための言論を活性化させるためのツールとして捉え直したのである。

（２）言論の自由と尊厳

前節で見たように、ルーマンの機能分化社会理論は、真理をコミュニケーション・メディアの一つとして相対化した。これは真理を非公共的なコミュニケーションによる妥協から救出するために、言論の自由の積極的な活用を唱えるハーバーマスと対照的である。しかしながら、ルーマンは、言論の自由という基本権までも相対化するわけではない。彼は、言論の自由を、真理ではなく、尊厳と結びつけることで、自身の社会理論の中に位置づけている。

ルーマンによれば、近代の機能分化社会では、政治や経済や科学といった機能システムがかつての身分制から解放されることで、それぞれに独自の合理性に従って作動するようになる。それに伴い真理や権威などの何らかの特権的な審級に依拠した社会統合は、もはや不可能になる。そのため各機能的コミュニケーションに柔軟に対応しつつも、いつでも同一の人格として整合的に自己を呈示することのできる個人が社会の結節点として要請されるようになる（GaI 54-6 八八）。

他者とのさまざまなコミュニケーションに際して、信頼に足る首尾一貫した個人として自分自身を呈示することは、必ずしも容易なことではない。たとえば職場で急な業務が強いられることで以前からの家族との約束を果たせなくなり、家族からの信頼を損なうという事例はその典型であろう。そうした事態を防ぐために必要とされるのが自由と尊厳の保障である（GaI 61 九三－五）。

ルーマンは、自由を帰責の問題と捉える。他者からの強制や役割の強要によって引き起こされた行為は、免責されるかもしれないが、自由ではない。その意味で、他者との相互行為に際して自身の体験や行為の責任を自分自身で引き受けることができることは自由の前提である（GaI 63-6 九五－八）。自由の保障とは、責任を負う必要のない強制下でのコミュニケーションの余地の極小化にほかならない。先の例で言えば、年次有給休暇制度など、当事者に一定の選択可能性を権利として付与するしくみは、帰責としての自由を相応に保障しうる。

これに対して、尊厳は、他者とのコミュニケーションにおいて整合的な自己呈示の達成を示すものとされる。昨日と今日で理由もなく矛盾する発言を行う個人は、コミュニケーションの相手として信用を失うだろう。そうした個人は、整合的な自己呈示に失敗しているのであり、自ら他者による尊厳の承認を放棄しているに等しい（GaI 68-9 九九－一〇一）。

このように捉えられた自由と尊厳は、表裏一体の関係にある。尊厳をもった個人であるためには、責任を引き受けることができなければならず、何らかの強制力ゆえに、整合性のない行動を強いられる個人は、自由のみならず、尊厳の社会的な承認もまた阻害されるからである（GaI 70 一〇二）。その意味で自由も尊厳も人間という存在に本来的に備わっているものではなく、社会の中で構成されるものなのである。

ルーマンが尊厳を自己呈示の成功と捉える背景には全体主義批判が存在する。彼は全体主義をコミュニケーション総体の政治化による分化の解消と捉える。こうした事態を引き起こす可能性は、政治システムの分化それ自体にある。政治システムが自律性を獲得するということは、政治的決定が必要になる問題が政治の外部で事前に定められているのではないことを意味する。換言すれば、そうした政治システムは、潜在的には、あらゆる問題に対して決定を下すことができる（GaI 24 三〇－一）。

「『全面』国家は、たとえば無数の特殊任務から裁判における罪の自白に至るまでの完全に非人格的で非個人的な『自発的』行為を執り行うことによって、陰険な仕方で尊厳の管理にはじめて踏み込むことになった。他者の管理のもとにある自由は、人間にとって、不整合になるか、公的な自己と私的な自己を分裂させるか、要請された方針のために自らの固有性を完全に犠牲にしてしまうかの選択を人間に強いる人格の呈示の契機となるため、尊厳の終焉、少なくとも人間の公的尊厳の終焉である」（GaI 73 一〇六）。

非政治的な内容のコミュニケーションまで全面的に政治的に管理される事態は、尊厳の終焉である。自己を整合的なものとして他者に対して呈示し続けるためには、何よりもまずコミュニケーションの相手と内容に関する選択の自由が広範に保障されている必要がある。このうち前者に典型的に関わるのが集会・結社の自由であり、後者に関わるのが信仰の自由と言論の自由である。これらの基本権は、政治から自由なコミュニケーションを多様に保障することで、整合的な自己呈示としての尊厳を保護しているとルーマンは捉えるのである（GaI 98 一五九）。

このように把握された言論の自由という基本権は、政治的決定だけでなく、真理や合意や道徳といった他の審級を根拠にした内容規制からもコミュニケーションを保護する。ルーマンのコミュニケーション的社会理論にとって言論の自由は、そうした審級から自由なコミュニケーションを保障することで、尊厳ある生を可能にするためのものである。これは、言論の自由を真理という目的に従属させるハーバーマスとは対照的である。

3　現代社会への示唆

最後にハーバーマスとルーマンのそれぞれのコミュニケーション的社会理論が現代社会の諸問題に対してもちうる含意についてごく簡単な見通しを得ておくことにしたい。これまで見てきたように、ハーバーマスは、真理が真理であることの条件を問うために、討議という特殊なコミュニケーションを理論の中心に置いた。これに対し、ルーマンは、そうしたコミュニケーションが現代社会において可能になる社会的条件を理論化した。その意味で、両者のコミュニケーション的理論は、その構成において、相互補完的な関係にあり、必ずしも全面的に対立しているわけではない。また言論の自由に関しては、ハーバーマスが、それを真理に関連づけることで限定的に捉えたのに対し、ルーマンは、真理を相対化させることで、それをより広範に捉えた。もちろんルーマンの社会理論おいても言論の無際限な許容が含意されているわけではない。言論の自由が尊厳の保護という機能によって正当化されている以上、尊厳を毀損する言論の規制が含意されている。

こうした差異は、両者の社会理論を憎悪表現（hate speech）の規制という現代的問題に応用するときに、直接的な関連性をもつ。憎悪表現の規制と言論の自由の間には緊張関係がある。言論規制の正当化は、規制されるべき言論と規制されるべきでない言論の間の境界の確定を前提とする。それゆえ特定の言論を規制すべき理由を指摘するだけでは、必ずしも十分ではなく、言論の自由が保障されるべき理由の明確化も必要となる。それがなければ規制の限界づけが困難になりうるからである。

尊厳を自己呈示の成功と捉えるルーマンの機能分化社会理論からは「相互行為における自由で整合的な自己呈示を阻害する言論は規制されるべきである」という規範が導出される。特定の集団に対する偏見を扇動し、その集団に属することの価値を不当に貶めるような言論は、特にそれが共同体の少数派に向けられるときには、その集団に属する個人の整合的な自己呈示を困難にするため、言論の自由の保護対象から除外される。たとえば共同体の中の少数派集団を特定の犯罪イメージと結びつける冊子を作成し、それを公然と配布することは、それに属する個々人の公共圏での生活を困難にし、コミュニケーションの機会を内容的にも社会的にも制約するだろう。このとき、そうした人々は、もはやさまざまな機能的コミュニケーションの結節点たる地位を担いえなくなる。そうした事態を引き起こす言論は、結果的に機能分化という社会構造を掘り崩す一つの要因となりうる。

このように解釈されたルーマンの社会理論は、憎悪表現の規制を抽象的な価値理念だけによって基礎づけるのではなく、特定の社会構造と関連づける点にその特徴がある。しかしながら、機能分化秩序自体の正当性が積極的に議論の俎上に乗せられることはなく、分化の解消に伴うリスクの指摘という消極的な根拠づけがなされるにとどまる。その意味で、ルーマンの真理概念には単なる経験的な妥当性要求しかないというハーバーマスの批判は、彼の言論の自由の擁護にも当てはまる。

これに対してハーバーマスの討議理論は、憎悪表現に対する二重のアプローチを示す。第一に、第1節（2）で見たように、相互了解を目指すコミュニケーション的行為は、真理、正当性、誠実性という三つの妥当性要求を掲げるものであった。そうであるとすれば、たとえ当人たちが「真理」や「正当性」を掲げていたとしても、そもそも相互了解の可能性を放棄しているような端的な憎悪表現は、コミュニケーション的行為とは見なしえず、それゆえ公共的な討議への参加から排除されなければならない。第二に、ハーバーマスの討議理論は、特定の時点で当該社会の多数派によって容認されていた主張が後の世代によって問題視されるようになり、その規制の可否が改めて問われるべき事態が生じたときに、繊細かつラディカルに対応するための一つの有力なツールとなる。より自由で理性的な社会の実現を志向するハーバーマスの批判的社会理論は、疑義が投げかけられた主張の絶えざる再検証を公共的に行うことを私たちに要請する。こうしたハーバーマスの理論は、先に見た機能分化という社会構造の存続のためには自由と尊厳の保障が必要であり、それを阻害する言論は規制しなければならないというルーマンの社会理論から導出される主張の妥当性を討議による批判的検証へと開くことになるだろう。こうした可能性のための理路を提示する点にハーバーマスの批判的社会理論が「批判的」と形容されるべき理由があり、批判的社会理論と社会システム理論の協働が展望する未来がある。

注

（1）なお、ハーバーマスは、一九八〇年代以降、理想的発話状況概念を中心とした真理の合意理論を更新した。参照、上田知夫「ハーバマスにおける真理と正当化」『東京医科歯科大学教養部研究紀要』第四九号、二〇一九年。

（2）ルーマンは自身が刷新を試みる思考様式を「旧ヨーロッパ的」と形容する。その構成要素は、存在論、全体／部分図式、政治と倫理である（後に学校の伝統と野蛮から批判へという図式がこれに加えられる）。

（3）N. Luhmann, *Die Gesellschaft der Gesellschaft*, Bd. 2, Frankfurt am Main: Suhrkamp, 1997, S.895.（馬場靖雄他訳『社会の社会2』法政大学出版局、二〇〇九年、一一九四頁）。

（4）N. Luhmann, "Soziologische Aufklärung", in *Soziologische Aufklärung*, Opladen: Westdeutscher, 1970, S. 73-4.（土方昭訳「社会学的啓蒙」『法と社会システム』新泉社、一九七四年、八八頁）。

（5）N. Luhmann, *Grundrechte als Institution*, Berlin: Duncker und Humblot, 1965, S. 97.（今井弘道・大野達司訳『制度としての基本権』木鐸社、一九八九年、一五九頁。）以下、この著作からの引用は、本文中にGaIという略号を用いて表記する。

（6）　本章は「言論の自由」をfreedom of speechまたはMeinungsfreiheitの訳語として用いている。それぞれ「表現の自由」と「意見表明の自由」と訳されることもあるが、本章では両者をさしあたり同一のものとして取り扱う。

第6章 ハーバーマスの宗教論
——公共圏における宗教——

箭内　任

はじめに

世界では二〇〇一年の「九・一一」以降、宗教をどのように社会に位置付けるのかが絶えず問われ続けてきた。そしてそれを語ることはそれぞれがどのような社会を目指し、どのように社会を構築していくのかを示すことにも等しい。これはユルゲン・ハーバーマスにあっても例外ではない。

ハーバーマスは枢機卿ラッツィンガー（前教皇ベネディクト十六世）との対論以降、[1]公共圏と宗教を巡る議論をアクチュアルな問題として提起し続けてきた。ドイツ国内でもシンポジウムが開催され、[2]また教皇の『レーゲンスブルク講義』[3]をめぐって、ハーバーマスや神学者らを中心とした議論が纏められた。[4]英語圏でも「理性の公共的使用」をめぐり議論は活況を呈し、[5]二〇〇九年には、ハーバーマスをはじめチャールズ・テイラー、ジュディス・バトラー、コーネル・ウェストらによる講演と対論および総括討論が刊行された。[6]加えて二〇一三年には、彼の宗教論についてのアンソロジーである『ハーバーマスと宗教』も出版され、[7]彼の宗教論は様々な影響を与えている。[8]

本章ではまずハーバーマスの二〇〇一年以前の論考、特にカッシーラー論とヤスパース論を中心に取りあげ、彼の今日の宗教論の底流にある三つの論点を確認する[9]。今日の宗教論にあるこの前景を踏まえ、宗教を「ポスト世俗化社会」に位置付けようとしている彼の姿勢を確認したい。そして最後に結論として、ハーバーマスの宗教論に意見を寄せる識者の見解を紹介し、彼の宗教論の問題圏を明らかにする。

1　宗教論の底流

(1) 言語の公共性

ハーバーマスは『公共性の構造転換』を著す以前「ユダヤ系哲学者たちのドイツ観念論」（一九六一年）という小論で、すでにポスト形而上学的時代における哲学と宗教の関係を述べ、救済宗教はユートピア的なものや政治的なものへと変化し時代に適った遺産として相続されていると考えていた（PpP 37-66（上）四九－八七）。

なかでもアドルノに対しては、一九六〇年代のエッセイの中で「和解（Versöhnung）」の理念を強制のない相互了解へといたる道の一つと評価をしながらも、その概念をユートピア的な形態をとる間主観性な「暗号」にしてしまったと批判していた（TkH I 524（中）一六一）。当時のハーバーマスにあっては、「近代」を語る哲学に救済的な側面や形而上学的な色彩を持ち込むことはできなかったのである。

しかしホルクハイマーやアドルノは理性や啓蒙の意味を懐疑的なものとしてしまい、自己の立脚点をも批判する「遂行的自己矛盾」を犯している（DdM 154 I 一二二）。彼らの哲学は主観を日常の実践的な経験から解放し自己を脱中心化しようとしているが、それを「芸術的」にしか表現していない（DdM 137-8 I 一九九）。自己反省的な理論的学問があってはじめて民主的な意思形成がなされ、それにより法と道徳を基盤とする立憲国家の諸制度も評価されるのであり、理論が芸術の価値規範をもとに形成されたり価値規範が他の領域への侵犯行為を犯すということがあってはならない。二人が著した『啓蒙の弁証法』の美的な心性はニーチェに由来しており、そこから「近代」を理解しようとすれば[10]、日常の実践的な行動を判断する妥当性要求やその都度掲げる命題の真偽判定は反故とされてしまう。そもそもホルクハイマーとアドルノのイデオロギー批判は近代の啓蒙の特徴である「批判的」性格を見過ごしてしまっており（DdM 153 I 一二〇）、実のところ過度な自然主義という科学「信仰」の裏面であるような宗教的な信仰になっている。このような認知論的に狭隘な世界理解を打破するため、彼は我々の行為を言語へと結びつける（NU 136-7 一八九－九〇[11]）。

ハーバーマスはカッシーラーを取り上げた小論の中で、カッシーラーのシンボル理解には豊かな意味を担う個々の凝縮物の神話と個々の事象を例示的な事象へと変える言語との間に緊張関係があるということを指摘していた（VsE 17-9[12]）。神話と言語には表現と概念という意味創造のふたつのシンボル的な機能が働き、表現が力強く豊かな印象を意味に満ちた神話的なものへと変容させているいっぽうで、概念は世界を明らかなものとし分節化するはたらきを持っているとした。重要なのは宗教と言語に相互浸透の可能性があることをカッシーラーが指摘していることである（VsE 21-2）。たしかに世界は言語によって分節化されるが、それ以前の世界もいまだそこに残存し描かれているはずである。そしてその世界の構造を把握しようとする思惟もまたある。

カッシーラーは言語を、生を解放する生産的なエネルギーであるとしパラダイムの変換を行っているものの（VsE 24）、その公共的な性格やシンボル化による「啓蒙」という性格を見逃していた（VsE 38, 40）。しかし言語のシンボル機能には文化的進展過程としての公的性格や市民化としての特徴があり、そのときはじめて言語の哲学は社会的な意味を帯びる。こうしてハーバーマスがカッシーラーの哲学から批判的に受容したものは「言語の公共性」という特質であった。

（２）超越の新たな意味

ハーバーマスはさらにヤスパースの「コミュニケーション」概念に社会性の有無という点から批判を加えた[13]。一人には「シェリング」解釈という共通点があるが[14]、ヤスパースがシェリングの哲学に求めたのは超越から実存を捉えなおそうとすることであった。ヤスパースからすれば、シェリングの方法は形而上学的な「認識」と呼べるものになってしまい「超越」を主題化しきれていないことになる。しかし、ヤスパースはシェリングに残っていた認識論的な傾向を独自の「暗号（Chiffre）」に回収してしまったとハーバーマスは指摘する（PpP 93-4（上）一二二）。ヤスパースが多義的な暗号にのみ超越の意味を認めシェリングを否定しまえば、それは超越の問題を日常連関から、つまりはシェリングが生きた「地理学的」な生活史という意味から乖離させ捨象させてしまうことにもなる（PpP 96（上）一二五）。そもそも実存の契機は個人の背後にある日常の世界に繋留されていなければならず（PpP 97（上）一二六）、またそれはグノーシス的（シェリング）でもなければ開明的（ヤスパース）でもない「超越への第三の弁証法的な道筋の端緒（Ansätze eines dritten dialektischen Zugangs zur Transzendenz）」として想定されることもできるはずだ（PpP 97（上）一二七）。シェリングにせよヤスパースにせよ、この二人の哲学者が着目しなければならなかったのは、日常の社会連関から乖離することのない内在的超越ではなかったのか。こうしてハーバーマスがヤスパースやシェリングに対し行った批判的な考察を通して得たものは、超越の新たな意味であった。

（3）実存の日常性

実存的なモチーフは日常の社会連関の文脈へと翻訳されなければならない。その点でハーバーマスはヤスパースの「コミュニケーション」概念を市民的な「連帯」への足がかりとして再評価するが、ヤスパースが連帯として考えた「論争的寛容（polemische Toleranz）」（PpP 101（上）一三二）には合理的な拘束力がなく同時代的な生活連関を失ってしまっていると言う[15]。たしかに実存の意味は個別的な過去の状況に応じ自らの存在の意味づけを求めるものではある。しかしだからと言って、その実存の意味は恣意的でも随意的でもあってもならず先行している歴史の「客観的な過程（objektiver Prozeß）」に規定されていなければならない（PpP 103（上）一三四）。実存におけるコミュニケーションの「同時代性」を、つまり共通の時代を生きようとする歴史的・社会的・政治的な状況をヤスパースは主題化できていないとハーバーマスは批判した。

実存は歴史的で社会的な生活連関にその都度結びついている。しかしそれを無視し、永遠であるということや普遍的であり歴史を越える意味を持つということばかりに目がいき、実存が「世俗的な覆い（die irdische Hülle）」を打ち砕いてしまっては現実的な生活連関から切り離されてしまう（PpP 104（上）一三五）。ヤスパースの実存は人間存在を根本から洞察するということを口実とし、信仰に哲学的な衣を纏わせている。コミュニケーションの理論がヤスパースの言う「哲学的信仰」になってしまえば、それは相対的に別の党派性を持つことに等しい（VsE 55–6）。多様な文化や生活様式の価値を理解しようとすれば、コミュニケーションの前提に合意形成への意志がなければならず、またそれぞれの党派が討議において相互に了解し合うという条件もまた必要となる（VsE 57–8）。

こうしてハーバーマスが「コミュニケーション」概念を経由してヤスパースを批判し得たものは合意を求めるアプリオリな志向性であり、またそのような合意を対称的な相互関係においてめざそうとする反省的で認知的な視点であった。

2　ポスト世俗化社会における宗教

（1）宗教性と世俗性——相補的学習過程と翻訳可能性——

新たな世紀に入り、ハーバーマスは『信仰と知』（二〇〇一年）、次いで『テロの時代の哲学』（二〇〇三年）、そして『世俗化の弁証法』（二〇〇五年）など、今日の公共圏における宗教の意味について積極的に論じ始めた。

ここではまず、ハーバーマスがシュミットの「政治的なるもの」という概念に着目したことから論じてみよう。かつてシュミットは共同体の象徴的な表象や集団の集合的な自己了解をこの概念に訴え、そこに宗教的な意味を担わせたが、今日の世俗化された公共圏を理解するにはこのような社会を超えた超越的な権威に正統性を求めることはできないというのがハーバーマスの主張である。

政治的なるものという概念は宗教的ではなく市民の民主的な意見形成や意思形成の前提として理解されるべきものであり、政治的なるものを中立化させることにより、宗教共同体を市民社会や公共圏の中に位置づけ審議的な政治に参加させることができる。政治的なるものが「理性の公的使用」の産物であるかぎり宗教もその条件にかなったものでなければならない。

理性の公的使用という側面から政治参加を考えるのは宗教的な市民であっても非宗教的な市民であっても同様である。政治的なるものが今日でもなお宗教的なものを参照し前提としているということを否定はできないが、それがかつてそうであったように国家の次元にあると考えることはできず、市民社会の次元へと置き換えられなければならない(16)。市民は宗教的であろうと非宗教的であろうと、それぞれの政治的な意見や意思形成を根拠なく排除してはならず、そのような公共圏に帰属する市民は相互に説明責任を負い理性の公的使用という等しい視点を持ち合わせていなければならないのである(17)。

宗教的な市民も非宗教的な市民も市民社会の民主的な議論とともに育ち公共圏を構成していくといった意味では相補的である。宗教的な共同体が市民社会の中で自らの教義に基づき活力に満ちた生活を送ることできるのは、その共同体が民主的であり、またその公共圏が正当であるということを維持することができるからである。たしかに、一部の世俗の国家では、政治的なるものから宗教的要素を完全に払拭できずにいる。しかし、民主的な過程から言えば、宗教的な市民と世俗的な市民の相互関連性を理解し、双方の理性の公的使用によって政治を市民社会における審議を中心とし促進させることができる。それは政治文化にとって宗教的伝統が潜在的に持っている意味を今日の世俗社会に意識させることでもある(18)。

ハーバーマスからすれば、シュミットの理論の瑕疵は世俗化が進む市民社会を政治的自律的な公共圏とは見なかったという点にある。政治と宗教との共存を考えるには国家権力の世俗化という点でのみ捉えることはできず、また権力の正統性を公共的な社会の外に求めてもならない。世俗化を通し政治と宗教との関係を問いなおすことは宗教的な伝承の意味論的な内容を世俗的な言葉に「翻訳」し、またそこに認知的な妥当性を要求し相補的な「学習過程（Lernprozess）」を織り込むことである。宗教（教会）と世俗社会（国家）の緊張関係のなかで公共性をめぐり相互に自らの立場を翻訳することが必要であり、その相補的な学習過程が「世俗化」そのものである。これが「世俗化の弁証法（die Dialektik der Säkularisierung）」であり、それにより「自己反省的に啓かれた相互関係（ein selbstreflexiv aufgeklärtes Miteinander）」が可能になる[19]。また今日の公共圏で問題となっている様々な事案について相互に受容し（zNR 116 一三〇‐一）[20]、神学的な前提と哲学的な前提をそのまま維持しそれぞれの前提を否定することなく相補性を確認することもできる[21]。

ここで言う翻訳とは宗教的な議論を公的な言語に翻訳するということではなく、宗教的な言語に含まれている表象を公的な言語に翻訳することである[22]。今日の世俗的な理性が行う翻訳とは宗教的な表象に含意されている理性をより包括的な理性へと導き特定の宗教共同体に対してその領域を越えるよう促す。この翻訳によって双方のコンフリクトや意見の不一致があらわれ、そしてそこに差異があることを我々に気づかせる。言い方をかえれば、翻訳は双方の差異を媒介しているのである[23]。この点でハーバーマスは多元主義や多様性を否定してはいない。むしろ複雑化し機能的に差異化した社会を考察する新たなターミノロジーから多元主義や多様性を理解し、そこに宗教的な表象と世俗的な理性の相補的な学習過程と翻訳の可能性を見ようとしているのである[24]。

（2）内側からの超越

今日の世俗化された時代に社会統合の根拠を無制約的なものや神あるいは絶対者や神聖なるものに求めるのは難しい。世俗化の歴史に符合するポスト形而上学の時代に社会統合の根拠をそれに求めることはできない。それに代わる統合の根拠づけは規範的秩序としての「法」であり、法を制定する言語による了解行為こそが社会統合の根拠として理解されなければならない。ハーバーマスは間主観的な言語による相互了解行為に「内側からの超越（Transzendenz von innen）」の契機を見る（TuK 125,127-56 一三〇、一三二-六四）。

また社会統合の根拠である法には「恣意的に処理することが不可能な契機（das unverfügbare Moment）」（自然法の歴史の中に見られた最終的なものと絶対的なものとの綜合的統一）が含まれていなければならず[25]、今日ではそれを討議理論にもとづく手続き的な合理性に求めなければならない（FuG 669（下）三〇五-六）。そのため今日の世俗化された社会では、正統な法を再構成する市民の自律が、恣意的に処理することが不可能な契機と言うことになる。

こうしてハーバーマスは「恣意的に処理することの不可能性（Unverfügbarkeit）」の概念を形而上学的な思惟や超越的な思考から解き放ち言語による行為遂行論的な次元へと再構成する。彼は超越にとって不可避のこの概念を外在的な契機に求めることをやめ事実（現実）における内在的契機へと転回させることで、宗教が公共圏に定位する「ポスト世俗化社会（die postsäkulare Gesellschaft）」にふさわしい新たな超越の概念を手にしたのである。

（3）宗教の認知的機能

ある信仰を持つ宗教的な市民が他の信仰を抱く人々の宗教や世界観に対して、討議の場を共有するということは現実には難しいかもしれない。しかしリベラルな社会の道徳や法のエートスが宗教的な信念に根づいていれば、それぞれに対して寛容な態度をとることもできる。これは自らの信仰を相対化させるということではなく自らを脱中心化させるということである。それが内側からの超越ということにもなる。この脱中心化によって宗教はそれぞれ固有の包括的な原理や世界観を維持しながら、法や道徳のもと、現代の公共圏の普遍的な課題である平等主義や個人主義などと接点を見いだすことができる（zNR 143 一五七）。

リベラルな国家の規範を身につけているということが世俗化された社会における宗教の前提にある。それぞれ固有の世界像があるにせよ人権が組み込まれていなければならないし、また遵守されるべき法を自らの宗教的な信念によって根拠づけていなければならない。もちろんその規範は共同体の内的な視点だけではなく他の視点からも矛盾があってはならない。求められているのは言語の相互了解行為であり、これが宗教的な共同体を世俗的な共同体へ適応させることができるかどうかを判断する基準となる。この宗教の「認知的な（kognitiv）」機能（zNR 269 二九四–五）によって、それぞれの共同体のエートスに由来する社会道徳を民主的な憲法に内在させることができるかどうかが判断される。

今日の公共圏に定位する宗教はリベラルな立憲国家を前提とし、宗教が国家に帰属する市民のエートスとなるためには理性の公的使用という理念からそれがもたらされていなければならない[26]。信仰者であれ非信仰者であれ、それぞれの行為は市民としての権利を遂行する場である立憲国家に結びつけられていることを考えれば、ハーバーマスが宗教に求めようとする「認知的機能」は、いわば公共圏における宗教の可能性の制約である。

おわりに――公共圏における宗教の意味――

ハーバーマスは、枢機卿ラッツィンガー（前教皇ベネディクト十六世）との対論から公共圏における宗教の問題を積極的に取りあげるようになった。その後も理性の普遍性から神的なものを排除してはならないという宗教側の求めに応じ、それをポスト世俗化社会にどのように位置づけるのか、そして民主的な政治領域において宗教的要素をどのような形で認めるのか、そもそも現代の社会において「自由意志」という人間の存在の根本に関わる問題をどのように扱うのかなど[27]、彼の理論に内在する諸問題は宗教論という範疇を超え、法学、政治学、そして生命倫理の分野にいたるまで広く射程を伸ばし重層的に理解されなければならないものとなった。

世俗的な理性といえども信仰の核心にある宗教的な真理を意のままとすることはできない。今日の社会にあってなお聖域が存在していることを理解しなければならない。神学的な前提と哲学的な前提は双方に維持されながら、それでいて双方の前提を否定せず切り結ぶことが必要となる[28]。そして宗教を公共圏に定位させる際に必要とされるのが「言語の翻訳可能性」や「内側からの超越」、「恣意的に処理することの不可能性」である。

だが、このようなハーバーマスの宗教論には批判も多い。可謬的な理性を強調するあまり宗教的な知識や承認、信頼という信仰の側面が捨象されているのではないか[29]。宗教の認知的側面をことさら強調してしまえば、歴史や文化で培われてきた宗教的な行為を論拠によるモデルで捉えることになってしまい、それでは宗教の無制約性を切り詰めてしまうことになるのではないか[30]。宗教的な言語を世俗的な言語に翻訳することではたして宗教の核心にある愛や福音は適切に扱われるのか[31]。事実として多様な世界観が拮抗していては翻訳の可能性そのものに疑問が残るし、そもそも人が共存しうるということの記述が宗教的な言説から始まることさえあるのではないか[32]。翻訳とは境界を越え人々を感化し別の領域にある言葉を発見する創造的かつ喚起的な行為のはずだが、にもかかわらず多様性を中立的な言語から理解しようとすれば、その価値が見失われてしまうのではないか[33]。このような批判が繰り返されている。

しかし、ハーバーマスは我々が時代を経て獲得した実践的理性に対して疑いの目を向けることはせず、実践理性によって今日の公共圏で損なわれ傷つけられた連帯を回復できると信じている。このとき実践理性に託されているのは「神聖なるものの言語化（Versprachlichung des Sakralen）」（ND II 7-18）[34]であり、これを現代の公共圏において実現する方法である。

いずれにせよ、ポスト世俗化の時代に公共圏における宗教の意味を問い直すことは、今後とも重要なイシューとなる。それは俗なることと聖なること、同一性と差異性、言語の規範的で中立的な使用と世界を開示する象徴的な使用の相違を理解することであり、そこにハーバーマスの語る「世俗化の弁証法」の真意がある。「均質で超越なき経験主義のスキュラと超越を賛美する常軌を逸した観念論のカリュブディスの間を、艱難をもってしても進む」

（TuK 155 一五九－六〇）」ことを覚悟する彼と歩みをともにし、公共圏における宗教の意味を問い続けることが実践理性の課題として我々に求められている。[35]

注

（1）Jürgen Habermas & Joseph Ratzinger, *Dialektik der Säkularisierung*, Herder-Verlag, 2005.（三島憲一訳『ポスト世俗化時代の哲学と宗教』岩波書店、二〇〇七年）

（2）Rudolf Langthaler, Herta Nagel-Docekal (Hg.), *Glauben und Wissen: Ein Symposium mit Jürgen Habermas*, Oldenbourg, 2007.（以下、Langthaler, Nagel-Docekal, 2007 と略記する。）

（3）二〇〇六年九月一二日、レーゲンスブルク大学講堂で、教皇ベネディクト十六世が大学関係者に対して行った「信仰、理性、大学――回顧と考察――」と題された講演である。

（4）Knut Wenzel（Hg.）, *Die Religionen und die Vernunft, Die Debatte um die Regensburger Vorlesung des Papstes*, Herder, 2007.（以下、Wenzel, 2007 と略記する。）

（5）Niger Bigger, Linda Hogan（ed.）, *Religious Voices in Public Places*, Oxford, 2009.（以下、Bigger,Hogan, 2009 と略記する。）

（6）Eduardo Mendieta, Jonathan VanAntwerpen（ed.）, *The Power of Religion in the Public Sphere*, Columbia, 2011.（以下、Mendieta, VanAntwerpen, 2011 と略記する。）（箱田徹・金城美幸訳『公共圏に挑戦する宗教』岩波書店、二〇一四年）

（7）Craig Calhoun, Eduardo Mendieta, Jonathan VanAntwerpen（ed.）, *Habermas and Religion*, Polity, 2013.（以下、Calhoun, Mendieta, VanAntwerpen, 2013 と略記する。）

（8）以下の文献には二〇〇三年から二〇〇七年までの七本の論文が紹介されている（David Rasmussen, James Swindal,（ed.）, *Habermas II, vol.4*, Sage, 2010, 159-292.）。

（9）メンデエッタによれば、二〇〇一年以前、ハーバーマスには哲学的人間学という観点から意識哲学や実証主義を批判した時代（一九五七年－一九七一年）、次いで史的唯物論の再構成からコミュニケーション行為論へ向かう時代（一九七一年－一九八二年）、そしてポスト形而上学的思考と審議的デモクラシーを主題化した時代（一九八二年－二〇〇〇年）があり、今日の議論はその延長線上にあると言う（Calhoun, Mendieta, VanAntwerpen, 2013, 391-407.）。

（10）ハーバーマスのニーチェ批判は『認識と関心』の最終節（EuI 332-364 二八八－三一六）や、ニーチェの認識論に関するアンソロジーを集めた『認識論的著作』の「あとがき」から始まる。Friedrich Nietzsche, *Erkenntnistheoretische Schriften*, Nachwort von Jürgen Habermas, Suhrkamp, 1968, 237–61. なお、これはのちに『社会科学の論理によせて』にも収められた（日本語邦訳版には未収録）（zLS 505–28）。

(11) ポスト形而上学的思惟から「信仰と知」を捉えることは科学信仰に陥った自然主義や理性の敗北主義を克服する希望であり、それがハーバーマスの核心にあるとする評者もいる（Wenzel, 2007, 51.）。

(12) なお本論文は、Dorothea Frede, Reinold Schmücker (Hg.), *Ernst Cassirers Werk und Wirkung, Wissenschaftliche Buchgesellschaft*, 1997, 79–104. にも収録されている。

(13) 『哲学的・政治的プロフィール』所収の「カール・ヤスパースのシェリング論（一九五五年）」「真理の諸形態（一九五八年）」「ドイツ連邦共和国における道徳的非常事態（一九六六年）」などを参照。

(14) 『理論と実践』（一九六三年）所収の「唯物論への移行における弁証法的観念論」を参照。

(15) これについては「宗教の認知的機能」の箇所で詳述する。

(16) Mendieta, VanAntwerpen, 2011, 24.

(17) Ibid. 26.

(18) Ibid. 27-8.

(19) Jürgen Habermas, Die Dialektik der Säkularisierung, *Blätter für deutsche und internationale Politik*, Nr.4, 2008, 45.

(20) 「人権」という概念は「学習過程」を示す一例である。

(21) Wenzel, 2007, 48-9.

(22) Mendieta, VanAntwerpen, 2011, 114.

(23) Ibid. 114-5.

(24) 「世俗的な理性」は信仰の確かさと公的に批判可能な妥当性要求との差異をあくまでも主張し続け、全体から見て宗教の理性と非理性について判断する理論を含んでいるとハーバーマスは述べている（pT 407）。

(25) ハーバーマスは恣意的に処理することが不可能な契機を持つ自然法を、コミュニケーション権力を基盤として成立する公共圏において革新しようと試みる（FuG 668（下）三〇五）。

(26) 理性的である憲法「プロジェクト」により、他の信仰や信念を持っている者の「寛容を正当な仕方で制度化する方向」（zNR 263 二八八）へと向かわせることができる。

（27）ハーバーマスは自由の問題をバイオエシックスの議論にひきつけ、人間の類としての倫理的自己了解の意義という点から論じている（ZmN 74, 86-8 六九、八一-四）。

（28）Wenzel, 2007, 48-9.

（29）Langthaler, Nagel-Docekal, 2007, 336-9.

（30）Maeve Cooke, Salvaging and secularizing the semantic contents of religion: the limitations of Habermas's postmetaphysical proposal, *International Journal for Philosophy of Religion*, vol. 60, nos. 1-3, 2006, 199-200.

（31）Bigger, Hogan, 2009, 80.

（32）Mendieta, VanAntwerpen, 2011, 113.

（33）Ibid. 116.

（34）シュミットは、ハーバーマスの理論の核心にあり続けたのは「神聖なるものの言語化」として社会を合理化することであったとし、今日にいたるまで彼の主要なモチーフであり続けてきたと指摘する（Schmidt, Rationalisierung der Gesellschaft als Verspachlichung des Sakralen, Thomas M. Schmidt, Annette Pitschmann（Hg.）: *Religion und Säkularisierung. Ein interdisziplinäres Handbuch*, J.B.Metzler, 2014, 20-35.）。

（35）メンディエッタによれば、ハーバーマスの宗教論には世俗的合理化への触媒機能があると言う（Mendieta, Eduardo Mendieta, Rationalization, modernity and secularization, Barbara Fultner（ed.）, *Jürgen Habermas : Key Concepts*, Acume, 2011, 230.）。

第Ⅱ部　ホネット理論の展開

第7章 ホネット承認論と教育
——教育学における受容を巡る議論——

藤井佳世

1 教育と承認の問題圏

教育と承認は、一般的に関係が深いように見える。例えば、『初等教育資料』を見ると、小学校の特別活動の一つである学級活動で、クラスの子どもたちが運動会について話し合う中で、互いのよさを認め合ったり励ましあう姿が報告されている。[1]このような教育における承認への期待に対して、理論の状況はどうであろうか。

教育哲学者のL・ヴィガーによれば、ホネットの『承認をめぐる闘争——社会的コンフリクトの道徳的文法——』は、ドイツの教育学において概ね受け入れられており、教育学における承認の要求は分かりやすい。[2]しかし、ヴィガーは、承認されるべきことについての説明や議論がより必要であり、それゆえ、承認論と経験的な研究との接続が必要であると述べ、教育学と承認論が簡単に結びつくわけではないことも示唆している。彼の述べている経験的な研究とは、一九九〇年代以降、ドイツの教育哲学で進められてきた人間形成論と人間形成研究を架橋する、人間形成論に方向づけられたビオグラフィ研究（bildungstheoretisch orientierte Biographieforschung）（以下、本章ではBOB研究と表記する）のことである。BOB研究は、理論と実践、哲学と経験的研究、ビオグラフィと人間形成（Bildung）

を結びつけた新しい人間形成論の研究の一つである。

そこで、本章では、ホネット承認論の教育学における受容を巡る議論に焦点をあてることを通して、今日的なホネット承認論の可能性について考察する。内容構成は次のとおりである。まず、ホネット承認論を肯定的に展開する研究を主に二つとりあげる。一つは、ホネット承認論を人間形成論として展開する研究である。もう一つは、承認概念を人間形成や教育環境を分析する概念として用いる研究である。さらに、それらとは異なり、教育における承認の導入に批判的な研究をとりあげ、最後にまとめをおこなう。

2　批判的人間形成論の構想

（1）主体性と承認

教育哲学者のK・ストヤノフは、ホネット承認論が教育学において受容されている一方で、適切な人間形成過程の規範的前提条件を再構築することや人間形成を内包する教育行為のモデル化に関して、承認論の可能性は未だ十分に発揮されていないと捉えている[3]。そこで、彼は承認論を手がかりにした新しい人間形成論の提案を進めている。

ホネットが六〇歳を迎えた二〇〇九年、ストヤノフは彼にインタビューを行なった[4]。そのインタビューでは、承認論の射程や当時の社会・政治状況などについて、やりとりがなされている。ストヤノフの最初の質問は、「〈存在を否認されること〉が持つ社会的な力」（AG 88-109 九三 - 一一九）の中でホネットが述べたことに関わり、「フランクフルト学派がアクチュアルに作用するパラダイムを語ることはできるのか」であった。その質問に対して、ホネットは次のように応えた。批判理論とよばれるいくつもの理論――例えば、フーコーの理論、ジェンダー研究、ポストコロニアル研究など――がある中で、フランクフルト学派のアイデンティティは、批判の観点を存在する社会に係留されたものとして考えることにあり、批判の前科学的な審級という考えにある。

ストヤノフもまた、「主体性の発展過程に由来する個人の承認欲求という前科学的な審級は、人間形成を生みだす社会関係にもとづく規範的な社会基盤の再構築の基礎である」[5]と述べ、主体性の発展の視点から承認を捉え、批判の規準を前科学的な審級におく。彼によれば、ホネット承認論は、そのまま人間形成論として読むことはできないが、革新的な人間形成論や教育学のポテンシャルを備えている。[6]なぜなら、承認論は、他者からの承認を得ようと努めることが自己形成や自己発展の原動力であることを示し、逆に、軽んじられることや承認要求の無視は自己形成のプロセスを妨害すること、もしくは、すでにある社会的形成に対し異議を唱える動機づけをすることを示しているからである。[7]すなわち、ホネットが論じる承認の毀損は、軽蔑の経験に意味をもたらし、主体性の発展が妨げられる背景を説明しているのである。承認の毀損について、ストヤノフは「承認としての再配分――ナンシー・フレイザーに対する反論――」（UoA 127-224 一一七-二二六）をまとめる中で、次のように説明している。

この始まり［承認理論の始まり――執筆者挿入］における中心的なテーゼは、まさに、大部分の承認への要求や願いが分節化されていない――そしてすでに全く公的な空間のなかにない――ということである。むしろ、承認要求や願望の尊重欠如は、たいていの場合、公共圏の境目に全く届かない拡散した苦しみの感情や抵抗の感情を引き起こす。承認理論的な始まりの意味における批判理論の課題は、まさに、苦しみの経験や感情を概念的に分節化することにあり、あらゆる人間の本質に備わっている承認の形式の規範的規準を用いることにある。[8]

承認の毀損の視点から人間形成論を構築することは、否認にともなって生じる不正の感情に目を向けることでもある。不正の感情は、言語化できない知覚のレベルにあり、「直観的に与えられる正義の観念が侵害されたという経験に由来」（AG 99 一〇六）している。このことが意味するのは、公共の議論になる手前の感情の次元から、承認論は主体性が発展するという新たな視点を人間形成にもたらすということである。

さらに、主体と社会・政治的秩序の架け橋として承認を捉えるなら、[9]主体性の発展が十全な自己関係に支えられていることも見逃してはならない。自己関係とは、自己信頼、自己尊重、自己評価のことである。ホネット承認論では、自己信頼は、親子関係や恋人関係などの愛の関係において具体的な他者による思いやりがつづくことを自己が確信し、不安なく自己自身にかかわることを通して、自らの欲求とつきあい、自らの欲求を信頼することを意味する。自己尊重は、法的関係のなかで生じる自己関係であり、互いを「共同社会の他のすべての成員とおなじく討議による意思形成に参加する能力をあたえられる性質をもった人格としてみなす」（KuA 194 一六二）ことによって、自らの考えや意志を確信することを意味する。自己評価は、自己実現にかかわるような価値共同体の関係のなかで、正当な基準から能力が承認されることによって生じる自己関係のことである。このように、ホネット承認論は、個人の能力、欲求、固有性の発見とそれらの現実化へ向かう規範的な前提条件を明らかにする。

（2）共感、尊敬、社会的価値評価と人間形成

承認関係が相互主観的関係であることも人間形成にとって重要な意味を持つ。ストヤノフは「相互主観的関係は、対称的で相互的な言語実践に制限されるのではなく、感情的な配慮という前言語的で前反省的な形も包括しており、個人の発生という根本的前提を経験可能にすること、例えば自己の痕跡の発生として説明することができる」[10]と述べ、自己形成は前言語的側面を含んだ相互主観的な関係を通して発生すると論じる。その意味で、「承認は、主体性の発展の感情的側面も認識的側面もしっかり包んでいる」[11]。ストヤノフによれば、法的関係はあらゆる人間を形式的に同等として捉え、同等な権利を自由に使用するという抽象的な位置に人間を位置づける。その法的関係を前提にした認識能力の承認が、道徳的議論を活性化する。価値評価は、価値共同体ごとに異なる承認が実践され、感情という承認の特殊なものと道徳的尊敬という普遍的なものとの統合とみなすことができる[12]。それらに対して、親子関係に代表されるような原初的関係における感情移入の関係は、「主体性の発展にとって決定的に重要である他者の基本的欲求、不安、願望の承認という基本形態[13]」を示している。親が子どもの基本的欲求に感情移入し配慮し

ながら、欲求や願望を通して人格を捉えようとするとき、親の行為は法的な審級や評価から為される訳ではない。すなわち、人間形成の視点から見れば、感情移入の承認形態は、法的な承認と社会的価値評価の承認と根本的に異なる。

そのような質の違いを含みながら、ホネット承認論が示していることは、自己の発展のプロセスであり、主体性の発展としての人間形成は、共感、尊敬、社会的価値評価という承認形態を前提にするということである。[14] 自己の発展とは、実践的な自己実現の過程のことである。そして、ストヤノフは、自己実現のことを、「常に新たに相互主観的に媒介された自己関係の発生という意味であり、個人の発生と発展をすべて構成し、同時にそこへ向かうことであり、他者による投影の形を超えるものであり、その形の特殊な境界を壊すことである」[15] と述べている。ここに確認できることは、承認に基づく主体性の拡大によって、単純な社会化とは異なるような、[16] 社会批判と連動する人間形成論の構想である。

（3）ハイブリッドな自己形成——文化・承認・人間形成——

さらに自律の概念もまた、人間形成と深く関わる。承認論から捉えられる自律は「主体が取り換え不可能な生活史（Biographie）のなかで、個々人の傾向や欲求を考慮しながら、自らの生を組織化する」ことであり、「心的な成熟（Reife）のグレード」（AG 242 二六七）にかかわる問題である。自律とは、ホネットによれば、言語的分節化能力、生の語りの関連性を描く能力、道徳的コンテクストの感受性という三つの力によって形成される。ホネットは、私たちが、「汲み尽くせない多くのアイデンティティの可能性」（AG 248 二七四）を有しており、その可能性を知れば知るほど、普遍的な道徳原則を当てはめようとするのではなく、その状況に応じた情動的な理解から、道徳原則を適用しようとすると捉える。こうした情動的な理解をともなう行為こそ、自律した行為であるとされる。すなわち、自律とは「自分の人生を結びつきの連関として描くことができる」（AG 248 二七四）ことである。[17]

ストヤノフは、そのような自律の姿を次のように説明している。今日では、一見すると矛盾した性質や同一化を示す人間やまったく異なった共同体に関与している人間と出会うこともめずらしくない。例えば、文献学的に非常に細かく古典的テキストを分析する人物が、他方で、熱狂的なサッカーファンであるような場合である。この場合、その人格は、古典的な文献学の共同体の積極的なメンバーであると同時に、サッカーファンの共同体の積極的なメンバーでもあり、同じ人物が両方の共同体に同一化している。[17]その人物は、異なる共同体の関連を翻訳し、一回限りの生へ統合することを通して自己を形成している。

ここでストヤノフが着目するのは、異なる共同体の間を翻訳する方法や一回限りのビオグラフィッシュな結びつきに統合する方法である。[18]なぜなら、集合的アイデンティティは、個人の自己決定やアイデンティティの発展に対する障害物として現れる場合があるからである。ストヤノフによれば、集合的アイデンティティは、進んで既存の共同体に同一化する場合もあればそうではない場合もあり、後者の場合は異なる共同体を結びつけることや主体的に構築するような文化実践として現れ、人格を形成する自由が重視される。[19]興味深いことは、ストヤノフが自己を既存の共同体に結びつける翻訳だけではなく、目の前の世界を越えて捉える能力にも目を向けていることである。その能力——社会化と異なる能力——は、集合的に伝達された所与行為や現実の解釈範型の取得として現れるのでもなく、順応として現れるのでもなく、ビオグラフィッシュな人間形成過程として現れる。[20]

先に少し説明したように、ドイツの教育哲学研究の新しい取り組みであるＢＯＢ研究は、主にハンブルク大学のコラーとマロツキによって進められてきた。両者は、リキッド化や個人化が進む社会の中で、個々人は人生の選択肢が増加し社会状況の解釈と学習によって自己を方向づける機会が増えたことによって、人間形成も変化すると見ている。そのため、彼らは高尚な人間像を実現する人間形成ではなく、変容する人間形成に焦点をあてた研究を進めている。ストヤノフは、コラーによる移民経験者のＢＯＢ研究をとりあげ、文化と承認をめぐる人間形成上の葛藤に焦点をあてている。その事例の概要と解釈は、次のとおりである。[21]

イラン人とドイツ人の両親の娘としてイランで生まれ、十歳までイランで暮らした女子学生のナラティブ・インタビューである。父の死と八〇年代初頭のイラン・イラク戦争によって、母親と二人の兄弟とともに彼女はドイツに移り住んだ。彼女は二か国語を話して育ち、彼女にとってドイツは外国ではなかった。移住前にドイツとイランを往復し日常的な文化のコンテクストの切り替えを学んでいたにもかかわらず、彼女は移住後、ドイツとイランの二つの社会の間の文化的不一致を経験した。それは、ドイツにおいて外国人として彼女を捉える民族化された見方であり、彼女の自己理解と一致していなかった。そこで、彼女は、その都度別の文化に帰属する戦略をとった。つまり、彼女はドイツではイラン人らしく振る舞うことを試みた。ドイツ人とペルシア人としての自己演出は、その都度の国家—文化的な相互コンテクストを遂行しているのであり、それは彼女が自らをミックスとして捉えていたため可能だった。同時に、彼女はミックスとしてのアイデンティティを、ペルシア人に同一化し、そこにドイツ人を加えたものとして理解しなかった。彼女は、両方の同一化より上位の、第三の基準を描いた。すなわち、彼女は自由に動き回ることのできる同一化を獲得した。それは、把握可能な異なる文化と行動のコンテクストの間を翻訳するというプロセスである。

ストヤノフは、二つの文化を翻訳するという革新的なプロセスを、バイカルチュラリズムとしてではなく、自己と世界の新しい把握のモデルであり、文化間の分裂を経験した具体的な人間としての彼女は、一般的な他者との関係において「文化的にハイブリッドなアイデンティティ」を獲得したと論じる(22)。この事例は、主体性の拡大であり、二つの文化を自由に移動できるアイデンティティ形成——自己形成——の物語である。このような自己形成の物語は、人間形成と文化的承認の問題に焦点をあてた取り組みである。その特徴は、既存の集合的アイデンティティにではなく、異なる世界を結びつけることによって、自ら獲得した三つ目のアイデンティティを自己定義としていることにある。このように、主体の構成は、人生において閉じられていくプロセスではなく、語りと承認によって絶え間なく遂行されうるプロセスである(23)。

3　分析概念としての承認

（1）職業経験と承認

フィンランドの研究者であるR・フットネンは、教育の文脈から承認をめぐる闘争の発生と解釈の研究を進めている。彼は、ホネットの承認論は教育研究にとって生産的であり、教育実践にも重要な意味をもたらすと考え、コミュニティと承認の関係に着目している。彼は、「承認のメカニズムを理解することは、よりよい教師になることやメンターになることを助ける[24]」と述べる。このように捉えているからといって、彼が教育行為として単なる褒め言葉や声がけを承認として捉えているわけではない。フットネンは、「承認は思いやりの行動やエチケットの類のものとして切り詰められており、思いやりのジェスチャーや相互の褒め言葉として捉えられてきた[25]」とこれまでの承認の取り扱いに問題を呈している。彼によれば、承認をめぐる長い闘争として人生を見ることができるのであり、承認は次のように説明される。

承認はフィードバックを通した他者の上手な扱いや丁寧な言葉とは異なる。承認は、社会的な相互作用において重要な要素であり、アイデンティティ形成のプロセスにとって重要である[26]。

彼が承認の例として取りあげるのは、職場のコミュニティに関する教師の語り――二つの職場のストーリー――である。語り手は、ある学校で、同僚や生徒や保護者との関係は良好であったけれども、校長が教師を管理しようとしたことから、校長は教師を信頼していないと思い、校長の仕事を尊敬できなかった。別の学校では、校長が語り手の能力を承認しているとオープンに表現することによって、肯定的な雰囲気が生まれた。その学校では、集団でも個人でもますます良くなるように物事を達成しようとする、相互の承認によるコミュニティが形成されていた。[27]フットネンは、この語りから、承認の欠如や承認することが職場にどのような影響を与えるのかを示していると捉え、「承認の肯定的なサイクルと否定的なサイクル」[28]の両方を確認している。

さらに、フットネンは、別の二つのストーリーをとりあげている。一つは、教師教育の文脈である。ハンヌは、最後のティーチングプラクティスの試験をひかえており、よい評価を得るために取り組んでいた。ハンヌは、とても授業の上手なクラスメートを妬み、試験のとき、そのクラスメートと自己自身との戦いが生じた。ハンヌ自身の内部の戦いは、公正に実践することに関わっていた。授業の上手なクラスメートは、とても素晴らしいティーチングを行い生徒たちの反応も良かった。羨ましく感じ、自分の能力がそれよりも劣っているとハンヌは感じた。そこで、ハンヌは、教師や他の参加者による最後のフィードバックの議論で、そのクラスメートの授業を無効にし、価値を下げる方法を探していた。ハンヌは粗探しや実践を貶めるようなコメントを用意していたけれども、そこで何かが生じた。ハンヌは、計画していたような批判的コメントをしないで、同僚の授業の素晴らしさを述べ、生徒との相互行為の上手さを認めた。このことは、語り手を解き放った。ハンヌが抱いていた同僚への妬みの感情は過ぎ去り、思いがけない経験が新しいスタートを切った。その後、ハンヌは自分自身の仕事に集中し、他者のことをあれこれと思い悩むことを止めることができた。さらに、ハンヌは、大学の教師やクラスメートがハンヌのことを専門的に自己評価をできる人物として捉え、以前よりも高く評価していると感じた。[29]フットネンは、このストーリーを承認をめぐる闘争がポジティブな相互の認識へ変わった例として説明している。ハンヌの語りは、職業集団のコミュニティにおける承認が主題になっており、価値共同体の承認を示している。もちろん、試験をパスすることによって、法的なライセンスの許可につながるため、第二の承認も生じてはいるが、互いを熟練した教師であると捉えるという承認は能力の承認である。[30]

次に、フットネンは、哲学を専攻している学生の語りをとりあげている。語りの内容を見ていこう。哲学専攻のラウノは、ゼミナールで良い成績をとっていたが、上級ゼミナールでのプレゼンテーションが残っていたため、それに情熱とエネルギーを注いでいた。しかし、上級ゼミナールを担当している教授が当日に来ることができず、代わりのスーパーバイザーがやってきた。この人物は、ポストを得るために上級ゼミナールを担当しうる人物であるということを証明しようと努力しており、承認をめぐる闘争の最中に身を置いていた。それゆえ、ゼミナールは緊張したものだった。ラウノは、ゼミナールで才能溢れた哲学者であることを示したかった。結局、緊張したゼミナールは、ラウノにとって「カタストロフィー」に変わった。スーパーバイザーは、ラウノのペーパーの内容にとても厳しいコメントを述べ、ポジティブなことは何も言わなかった(31)。この例においては、ラウノもスーパーバイザーも、両方を蝕むような承認をめぐる闘争が語られている。ここでは、ゼミナールで発表するための権利を持っているかどうかを疑うことが発生しているため法的関係の承認も生じてはいるが、主に価値共同体における承認の否認が生じている(32)。

教育において、フットネンによれば、価値共同体の承認のサイクルは重要である(33)。なぜなら、教師と生徒の両方を知覚可能なパフォーマンスに導くことができるということや、承認のポジティブなサイクルは、コミュニティのメンバーに互いを尊敬し重要であるという感情をもたらすような連帯の感情を形成するからである。学習コミュニティにおいても、連帯の形成は、個人の意識以上のより高い何か——集団で構築された文化や精神——によって導かれている(34)。

以上のように、フットネンは承認を分析概念として用いている。その理由は、教育において承認のメカニズムを知ることが重要だからである(35)。彼の研究が示していることは、承認の重要性を引き受けつつ、教育の目標として承認を位置づけることでもなく、教育問題を解決するための承認でもなく、すでになされた経験を解釈することに承認概念を取り入れることの有効性である。

（2）逸脱と承認——十六歳の少女——

ヴィガーは、暴力をふるう少女（仮名・ヤニカ）へのインタビューを承認の視点から解釈・分析をしている。約五十分弱のヤニカの語りをまとめると次のようになる。ヤニカは、同級生に暴力を振るったことによって実科学校を退学になり、インタビュー当時は保護施設にいた。保護施設には、ヤニカがアンフェアだと思う規則がいくつかあり、施設の生活に満足しているわけではない。彼女は、少し乱暴な表現を用いながら、母親や義理の父親との関係が良好ではなく、一時三ヶ月ほど祖父母のもとで生活したと語った。祖父母はヤニカを怒鳴りつけることはなく、期待されていたと彼女は感じていた。彼女は最初、基幹学校に通っていたが、通訳者になりたいという希望を実現させるために、実科学校の七年生に転入した。実科学校での五年生と六年生の内容は自習を必要とし、進度も速いため十分に習得することが難しくなった。そのことをヤニカは「やる気がなくなった」と語り、実科学校の教師はヤニカと友人たちを大声で叱り目の敵にしており、誰も認めてくれなかった[36]。ヤニカは、暴力をふるうことによって仲間関係の威信を集めており、同級生や家族との争いの中で常に優位にいる者として自己を描き出している。保護施設でも、ヤニカは自分のことを「靴を履くことのできる人間」と語り、何でも自分で決めることのできる人物として表現している。

ヴィガーは、ヤニカの語りから、法的関係における葛藤を読みこんでいる。例えば、ヤニカは、法の観点から見れば、保護施設に入っているため十分に承認されているように見えるが、他方で、学校を退学しているため、生徒としての彼女の権利は剥奪されている[37]。そして、ヤニカの語りは「成功を志向する」物語であり、学校における知識と能力を媒介とする承認が拒否された代わりに、仲間からの承認を求めるために暴力が加速する。さらに、ヤニカは、学校による道徳性の承認の基準に反して、自分の名誉という個人的な基準を設定している[38]。しかし、多くの生徒が学校の規則に従うなら、ヤニカの承認は矛盾を含むことになる。それゆえ、ヤニカの場合、異なる共同体における承認が相殺されないため、もし学校が新たな承認の基準を設けるなら、ジレンマがさらに深くなるとヴィガーは考察している。すなわち、ヤニカの事例解釈を通して、学校における承認には慎重であるべきだという立場が示されるのである。以上のように、承認を解釈の視点として取りいれることによって、個人の置かれたジレンマや葛藤の状態をより詳細に明らかにすることができる。ここまで、承認論を積極的に取り入れている研究を見てきた。次に、教育における承認論の受け入れに批判的な研究について見ていこう。

4　権力と承認

（1）批判的考察

教育における承認論の受容に対して、次のような問題が示されている。承認を声高に要求することは、ますます教育に対する依存を高め、子どもを生徒化し、教育される人を生み出し続けることになる。それゆえ、承認を教育行為として用いることは、子どもや若者に服従と恥と自己軽蔑の感情をもたらし、彼ら・彼女らの自発性の成長に影響を与えるのではないだろうか[39]。

ここには、承認は権力であるという見方がある。N・リッケンは、後期フーコーとバトラー[40]の思想を手がかりに、自律や自己決定を前提とする教育行為において、承認は自己信頼へ子どもたちを導くのではなく、自己欠如や自己の価値を引き下げる状態にとどまらせ、教育者が子どもたちを支配することをもたらすと述べる。フーコーは「主体と権力」のなかで、特定のモデルに従って相互関係を確立する環境や機会には、「適応力・コミュニケーション手段・権力関係が構成する調整と協調の行き届いた諸システムという『ブロック』が存在している[41]」と述べ、その例として教育制度をあげている。長くなるが、引用しておこう。

教育制度に例を取れば――場所の配置、内的生活を支配する細々とした規則、組織だてられた行動、そこで生活し他者と出合うさまざまな人々、人はみずからの機能と性格をもっている――これらすべてが、能力＝コミュニケーション＝権力の「ブロック」を構成している。学習や適応力の習得や行動様式を確保する活動はここでは、統制されたコミュニケーション（教課、質疑応答、命令、訓戒、命令服従を要求する合図、各個人の「価値」と知識のレベルを示す点数）の総体を手段として、また一連の権力過程（隔離、監視、賞罰、ピラミッド的秩序）の総体を手段として展開される。(42)

ここでは、教師と子どものコミュニケーションや教育行為は、権力関係の行使を織り込んだ「順応の監視過程」(43)であり、学校教育は特別な場所に編成された制度であると捉えられている。そのように教育を捉えるならば、承認は権力関係の行使の一つの行為であると映るだろう。すなわち、承認を教育に取り込むことは、承認関係としての権力関係の増産であり、承認を教育行為の文脈で取り入れることに警戒する必要がある。さらに、教育的関係が対照的でもなく相互的でもないとすれば、承認がより強力な権力を呼び込むことになる。

このような批判的研究に対して、先に見たストヤノフがどのように応えているか見ておきたい。ストヤノフは、教育的関係に関わりが深い原初的関係を取りあげ、承認が権力関係を生み出しているという異議を検討している。ストヤノフによれば、教育行為は個々人の自律における成熟を培うことを目指す限り、すなわち、相互主観的な承認が自由や個々人の自律の可能性の条件として理解されるとき、人間形成論の一端をなす。(44)

承認の構築的側面は、認められた人のすでに現存する固有の性質を確定することではなく、むしろ、その側面はまだいない誰かの「宛先」になることであり、ある人（誰か）として承認することである。それによって、承認の構築的側面は、「誰か」へむけて、総じて発展することができる。(45)

このように、ストヤノフは、教育的関係は非対称であることを認めつつも、そこには成熟した人格へ展開するという教育目標がある限り、教育行為としての承認は容認されると述べる。子どもの主体性の可能性を前提とする人間形成論は、教育における尊敬が、子どもの未熟さを含めた承認であることを示唆する。すなわち、教育における承認は、成長過程を含む特異な承認であり、不確定な未来も承認しているのである。

ここまでのストヤノフの見解を踏まえるなら、承認は、自律へ向かう承認と征服へ向かう承認があり、社会的に与えられた権力の秩序に合わせて人格を構築するという解釈では十分ではない。そのため、ストヤノフは承認の両義性を見落としてはならない、と述べる[46]。承認は、主体性を発展させることもあれば、主体の従属化も生み出すことになる。例えば、承認することによって、権力関係を助長することや権力が浸透することもある。必要なことは、権力を区別することである。それは、正統な権力と非正統な権力、道徳的に受容可能な権力と非受容な権力、抑圧的な権力と非抑圧的な権力の区別である[47]。道徳的に受容できない権力や抑圧的な権力は、主体の固有性を肯定するのではなく、承認が支配の秩序に順応することに機能するため、歪められた承認となる。承認論は、この区別を可能にするのである。

（2）まとめと今後の課題

ここまで見てきたように、教育学における承認論の議論は、人間形成論としての理論的展開と具体的な教育実践を読み解く分析概念としての展開が見られる。両方に共通していることは、一人ひとりの語りを基礎にしている点である。その一方で、批判的な考察もあった。この批判が示していることは、社会実践としての教育における承認の機能をさらに点検する必要性である。それを踏まえて、人間形成論としてより十分に展開していくためには、理論をさらに詳細に練りあげる必要がある。例えば、承認論は社会形成と自己形成をつなぐ視点を含むが、どのように結びつくのかという問いに応えるためには、経験的研究との接続を通して承認の内容をさらに明らかにする必要があるだろう。

また、教育学の視点からみれば、文化と文化の間を超える・つなぐ視点や実践にも、承認は織り込まれている。先に見た事例研究を踏まえれば、他者の意見を受け入れることや違いを認めることが、直ちに承認とよぶことができるわけではない。それらの行為は、承認の手前にある活動である。ホネットの承認論は、承認の規準を議論することへ向かう政治的行為へ私たちを誘う。その意味で、承認は幅のある言葉であり、単なるつながりや暖かさを形成するのではなく、規範の形成に寄与する点を忘れるべきではないだろう。もう少し踏み込んでいうなら、承認は存在をただ認めることではなく、その存在を正当であると認めることである。

すなわち、承認論は、正当でない存在があると断定するための理論ではなく、現代の社会においても、いまだに、正当ではないとされる存在がある、ということを発見し批判するための理論である。存在や自己形成が認められないような人間の尊厳が軽んじられることが今日にもある、ということだ。二〇〇〇年以降のグローバル社会の影響を強く受けている日本の教育を考えると、人間形成の視点から、人間の存在の正当さを教育学において議論することがますます重要な課題であると言わねばならない。

注

（1）詳しくは、『初等教育資料』（文部科学省、東洋館出版社）二〇一九年六月号（No. 981）一九〇-一頁を参照のこと。
（2）L・ヴィガー（藤井佳世訳）「承認と人間形成」L・ヴィガー／山名淳／藤井佳世編著『人間形成と承認――教育哲学の新たな展開――』北大路書房、二〇一四年、八〇-九七頁を参照のこと。
（3）K. Stojanov, "Bildungsprozesse als soziale Geschehnisse," in *Vierteljahrsschrift für wissenschaftliche Pädagogik*, 86 (4), 2010, p. 558.
（4）K. Stojanov, Die Anerkennung ist ein Grundmechanismus sozialer Existenz, in Basaure, Reemtsma, Willig (Hg.), *Erneuerung der Kritik:Axel Honneth im Gespräch*, Frankfurt/Main:Campus Verlag, 2009, pp. 149-166.
（5）K. Stojanov, op.cit., p. 560.
（6）Ibid., p. 558.

（7）Ibid.
（8）Ibid., p. 564.
（9）A. Honneth, Axel./J. Rancière.: edited by Genel, Katia./Deranty, Jean-Philippe., *Recognition or Disagreement: A Critical Encounter on the Politics of Freedom, Equality, and Identity*, New York: Columbia University Press, 2016, pp. 120–121.
（10）K. Stojanov, *Bildung und Anerkennug*, Wiesbaden: VS Verlag für Sozialwissenschaften, 2006, p. 64.
（11）K. Stojanov, "Bildungsprozesse als soziale Geschehnisse," in *Vierteljahrsschrift für wissenschaftliche Pädagogik*, 86（4）, 2010, pp. 560–561.
（12）Ibid., p. 561.
（13）Ibid., p. 564.
（14）Ibid., p. 567.
（15）K. Stojanov, op.cit., p. 108.
（16）例えば、社会化と異なる一例として、超社会化という外部に向けた社会化がある。詳しくは、亀山佳明・麻生武・矢野智司編著『野性の教育をめざして――子どもの社会化から超社会化へ――』新曜社、二〇〇〇年を参照のこと。
（17）K. Stojanov, *Bildung und Anerkennug*, Wiesbaden: VS Verlag für Sozialwissenschaften, 2006, p. 125.
（18）Ibid., p. 125.
（19）Ibid., p. 119.
（20）Ibid., pp. 114–115.
（21）Ibid., pp. 186–187.
（22）Ibid., p. 197.
（23）Ibid., p. 115. ストヤノフは、ホネットの承認論を相互主観的に基礎づけられた自己実現の理論として捉えるとともに、社会的に媒介された命題的思考の発展についてのブランダムの考えを接続することによって、主体性に関わる命題的思考の発展を補完することができると考え、承認と認識を重ねる人間形成の議論を進めている。詳しくは、次を参照のこと。K. Stojanov, Intersubjective Recognition and the Development of Propositional Thinking, *Journal of Philosophy of Education*, 2007（41–1）, pp.75–93.
（24）R. Huttunen, *Habermas, Honneth and Education*, Köln: Lambert Academic Publishing, 2008, p. 92.

(25) Ibid., p. 92.
(26) Ibid.
(27) Ibid., pp. 90-1.
(28) Ibid., p. 91.
(29) Ibid., pp. 97-8.
(30) Ibid., p. 100.
(31) Ibid., pp. 98-9.
(32) Ibid., pp. 100-1.
(33) Ibid., p. 101.
(34) Ibid., p. 92.
(35) Ibid.
(36) L. Wigger/C. Equit (Hrsg.) *Bildung, Biografie und Anerkennung: Interpretationen eines Interviews mit einem gewaltbereiten Mädchen*, Opladen: Verlag Babara Budrich, 2010, pp. 105-21
(37) L・ヴィガー（野平慎二訳）「制度の目的・承認のコンフリクト・人間形成」L・ヴィガー／山名淳／藤井佳世編著『人間形成と承認——教育哲学の新たな展開——』北大路書房、二〇一四年、一一九頁を参照のこと。
(38) 同上書、一二二頁。
(39) N. Ricken, "Erziehung und Anerkennung," in *Vierteljahrsschrift für wissenschaftliche Pädagogik*, 82 (2), 2006, pp. 215-230.
(40) J・バトラー（佐藤嘉幸・清水知子訳）『権力の心的な生——主体化＝服従化に関する諸理論——』月曜社、二〇一二年。
(41) M・フーコー（渥海和久訳）「主体と権力」蓮實重彦・渡辺守章監修『ミシェル・フーコー思考集成Ⅸ　自己　統治性　快楽』筑摩書房、二〇〇四年、二一-二二頁。
(42) 同上書、二三頁。
(43) 同上書、二三-四頁。
(44) K. Stojanov, "Bildungsprozesse als soziale Geschehnisse," in *Vierteljahrsschrift für wissenschaftliche Pädagogik*, 86 (4), 2010, p. 563.
(45) Ibid., p. 566.

(46) Ibid., p. 565.
(47) Ibid.

第8章 ホネットとアメリカ批判的社会理論
――『再分配か承認か?』――

小山花子

はじめに

ホネットは、同時代の多くの理論家と関わりを持ってきた。とりわけアメリカの理論家とは、少なくない時間をその地で実際に過ごし、アカデミックな議論に英語で参加してきた。『再分配か承認か?』は、そんなホネットと、第一線で活躍するアメリカの批判理論家であるナンシー・フレイザーとの間の「論争」を収めた書物である。そのきっかけとなったのがフレイザーの一九九六年のタナー・レクチャーであるとするなら、本書は、ホネットの『承認をめぐる闘争』から数年を経た一九九〇年代後半から二〇〇〇年前後における批判的社会理論の状況を表したものと見ることができる。ホネットとフレイザーのそれぞれの理論のみならず、批判的社会理論のグローバルな動向を把握する上で、本書は貴重な資料と言えよう。

内容を読めば分かることではあるが、この「論争」の呼称、あるいは少なくとも、本書の題名――『再配分か承認か?』――については、注意が必要でもある。というのも、題名から想起されるような、いずれか一方の論者が「再配分」を、そしてもう一方が「承認」を主張するような対決図式であるとは、本論争は必ずしも言い切れないためである。本論争は正確には、「再配分」を含み込むような包括的な枠組みとしての「承認」――ホネットの立場――なのか、それとも、再配分も承認も「両方」――フレイザーの立場――であるかという二つの立場の間の論争と見ることができる。詳しい内容は本文に譲るとして、今日の社会的闘争が現実として「再配分」と「承認」とのどちらか一方に軸足を置くべきなのであるという主張は、どちらの論者も明示的には行っていないのであり、この二者択一的な問題設定はむしろ二〇世紀末からの、主としてアメリカの社会運動が不当に提起したものとして、フレイザーが第一章の中で糾弾したものである。ではなぜそれが、「論争」のタイトルになったのかと言えば、フレイザーはホネットの承認論が、これらの社会運動の不当な問題提起に一役買っていると見ているためである。

以下では、論争での主要な論点を追い、最終的に埋まることのなかった溝について、見ていきたい。

1　再配分をめぐって――フレイザーによるホネット批判――

本論争の口火を切るのは、フレイザーによるホネット批判である。フレイザーは、一九九六年のタナー・レクチャーにおいて、ホネットを含めた現代の承認論の動向について批判を行っている。以下では、このレクチャーを基にした第一章と、ホネットの反論を受けて執筆された第三章とを参照しながら、主な主張を見ていきたい。

（1）ポスト社会主義の時代の正義論に求められるもの

フレイザーの批判の中核をなすのは、ホネットの承認論において「再配分」が適切な位置づけを与えられていないというものである。フレイザーによれば、ホネットの承認論は、先進資本主義国を中心とした今日の世界におけるアイデンティティ・ポリティックスの台頭と連動するかのように、文化の次元に拘泥し、経済の次元での闘争に十分な注意を払っていない。また経済は、必然的に文化的次元を有すると述べることで、表面上はそれを組み込んでいるかに装っているが、実際にはホネットの理論は「還元主義（reductionism）」を免れておらず、その試みは本質的に成功していない。ホネットの承認論は、「承認」を唯一の意味ある枠組みとして据えるものであり、多元性を装っていながらその根底において一元論なのである。それはすなわち、「現代社会のあらゆる規範性の不足、それらを生成するあらゆる社会的プロセス、解放へとその変革を目指す上でのあらゆる政治的なチャレンジ」を、承認の概念の下に把握することを目指している（RoR 199 二一九–二二〇）。

フレイザーの批判は、承認論を「ポスト社会主義」のコンテクストに位置づけるものである。冷戦崩壊後の「ポスト社会主義」の時代において、かつて社会的想像力の源にあったマルクス主義とともに、財の平等な（再）配分を求める社会の活力も失われた。その機につけ込むかのようにアメリカでは、「金ぴか時代」とも呼ばれる、およそ一〇〇年前の大格差時代の再来を思わせるほどの極端な経済的不平等が出現しており、そのための政治的イニシアティブとして、金持ち優遇の減税などのアジェンダが次々と実行に移されている。こうした中、解放へと向かうはずの社会的想像力は、集団の文化的特性や「差異」をめぐる「アイデンティティの政治」に終始している。チャールズ・テイラーやホネットの承認論は、この危機的な動きをむしろ後押しするものである。彼らの理論は、文化の政治に肩入れすることで、経済の領域での解放のプロジェクトを忘却させ、その健全な発展を阻害すらしている。

しかし、より重要なことに、フレイザーにとりこの問題は、「再配分」を承認論の中に位置づけるようにすれば回避されるというものではない。承認論は、フレイザーにとって内在的な制約を有する理論であり、それゆえ「再配分」にまでその対象を広げることは「還元主義」の罠に落ちることであると、フレイザーは見ている。(1)

（2）なぜ「還元主義」は許容されないのか――実質的還元の問題――

フレイザーによるホネット批判の詳細を見る前に、なぜ「還元主義」が受け入れがたいものであるのかということについてのフレイザーの見解を見てみたい。

フレイザーは、次のような議論を提示する。一方で、「すべてのコンフリクトの根幹には承認への要求がある」という命題がある。これは、ホネットを含めて、承認論者が支持する命題である。他方、「すべてのコンフリクトの根幹には財の配分をめぐる要求がある」という命題も存在する。これは、ドウォーキンら再配分論者が主張する命題である。もちろん双方とも、自らの命題が正しいと主張する。そして、それを示すため、「承認」あるいは「財」の意味を掘り起こし、「承認」には実のところ物質的な（財に関わる）側面がある、あるいは「財」には非物質的（象徴的、文化的）な側面が存在するなどと主張する。

こうして正義をめぐる議論は、結局のところ、トートロジーに陥る。なぜそうであるのかというと、フレイザーによれば、両陣営の論者たちがただ意味論的な仕方で、これらの拡張を試みているからである。すなわち「承認」や「財」の語を単に意味論的に広げることで、正義の理論に至ろうとしている。

フレイザーにとって、これらの試みは納得がいくものではない。表面上の（言葉の上での）同定を超えて、「再配分」が「承認」である（承認論者の主張するように）、あるいは「承認」が「再配分」である（再配分論者の主張するように）ということを、より深いレヴェルで示そうとする、「実質的還元」の作業抜きには、これらの試みは無意味なものであるとフレイザーは見ている（RoR 35 四二）。

なお、ここからも分かるとおりフレイザーは、「還元主義」が絶対的に悪いものであると言ってはいない。再配分論もしくは承認論における「還元主義」が、一定の条件をクリアした上で行われるならば、それが十分納得のいく結果を生み出す可能性を否定はしないと、フレイザーは述べている[2]。本書に収められた論文を読む限り、しかしながら、ホネットの承認論がそれらの条件を充たすとは、フレイザーは考えていないようである。

（3）三つの論点――アイデンティティ、資本主義、善き生――

フレイザーは、第三章において、ホネットの「還元主義」が引き起こす諸問題について、より詳しい議論をしている。以下、その大まかな内容を見てみたい。

第一に、ホネットの承認論が道徳心理学へと傾斜することで、皮肉にも、社会的不正を再生産してしまっているという議論である。フレイザーは、ホネットの承認論において、あらゆる社会的不満の根底部分に「ただ1つの基本的な道徳的期待」が据えられていると述べる。そしてこの期待とは、「人格のアイデンティティは適切に承認されるべき」との期待であると述べる（RoR 203 二二四）。しかしフレイザーによれば、社会的不満を人格のアイデンティティの承認に対する道徳的な期待へと回収することは、「最善の解釈」とは言えない（RoR 204 二二六）。「そのような解釈を強く主張することは、焦点を社会から自我へとそらし、毀損（injury）の意味を過度に人格化すること」（RoR 204 二二六）につながるからである。

ジェンダーの不正義を例にとってみよう。マリタル・レイプやDV、家事負担と社会保障における不平等などは、女性の従属という社会構造上の問題として捉えられるべきである（RoR 219 二四五–六）。ホネットのように、アイデンティティの毀損として、それらの問題を心理化することは、誤った道へとわれわれを導く。それは女性のアイデンティティが毀損されないよう、心理的な解決をはかるという道へとわれわれを誘ってしまう。そして、女性が、そのアイデンティティが毀損されたと感じないようにするためにはどうしたら良いのかという、あいまいで、本質的に不毛な議論を生むことになる。つまり心理化は、すでにある毀損にさらなる毀損を加える（adding insult to injury）行為であり、被害者を責めるだけで実行可能な解決策を打ち出さない悪しき論理であるとフレイザーは見ている(3)。

もしも被害者を責めるという論理から解放されたとしても、心理化の圧力がある限り、先行きは暗いとフレイザーはさらに考える。というのは、仮に被害者ではなく加害者に視線を向けたとしても、不正は、依然として心理の問題としてとらえられているからである。よって女性の苦しみを和らげるために男性主義者に思想統制を行うであるとか、人種的マイノリティへの差別をなくすために人種主義者の自由を制限するといった提言へと至ってしまうのだと、フレイザーは主張する。フレイザーはこれらの問題が、「政治社会学の道徳心理学への還元」によってもたらされたものであると見る。

第二にフレイザーは、ホネットの承認論が、資本主義的秩序を適切に把握することができないと主張する。[4] ホネットによれば、資本主義的秩序もまた、間主観的な承認秩序の一つとしてとらえられる。よってホネットにとって、配分をめぐる闘争は、当該秩序内における特定の財の配分に対し異議を申し立てるものとして、承認秩序の内部で争われる闘争として理解される。後で述べるように、具体的には配分をめぐる闘争は、承認の第三の圏域をなす業績原理に基づき、業績に関する特定の文化的解釈の変換を目指す闘争として理解される（RoR 213 二三八）。配分の闘争に関するこのホネットによる理解は、フレイザーにとっては、伝統的な経済主義を文化主義にすり替えたものにすぎず、市場秩序の固有の論理を認めない、過度に一元化された立場と見なされる。それは文化的な評価図式に還元されることのない、市場の自律的な力学を認めない。ホネットが資本主義社会を承認秩序に「還元」したことの結果が、この一元論を生み出してしまったとして、フレイザーはホネットを批判する。

第三のフレイザーによる批判は、正しさと善き生に関する現代政治理論の磁場から発している。承認とは、正に対する善の優位性を説く原理である。承認は、善き生を実現するための手段である。ところが、現代の先進諸国を特徴づける倫理的多元主義（RoR 226 二五四）の下では、善き生の構想は多様なのであるから、異なる善き生の構想に基づく、複数の相反する承認要求がなされることになる。そうなった場合、ホネットの理論は身動きが取れなくなるだろうとフレイザーは述べる。そしてもしも、いずれかの生き方がより真正なアイデンティティを実現するものであると認めてしまった場合、ホネットの承認論は、特定の善き生に関する観念を支持するセクト主義に陥る。他方で、アイデンティティを実現するために不可欠であると人々が感じる習慣であればどんな習慣でも許可されるべきであるとし、言ってみれば何でもありの状態にするならば、それは決定性を欠いた理論となる。こうした事態が生じてしまうのは、フレイザーの見方によれば、社会正義をアイデンティティの問題に還元したことの帰結である。

なお、フレイザーが自身の対案として挙げる、「参加の平等」原則による手続き主義によるならば、問題は解消されるとも、フレイザーは述べている。例えば公立学校でのブルカの着用、女性の性器除去手術や家庭における家事負担など、相反する「アイデンティティ」や規範、原理原則が対立し合う場面において、『参加の平等』は、セクト主義にも非決定性（決定不能性）にも陥ることなく、解を導き出すことができると、フレイザーは考えている。(5)

2　承認論の外部をめぐって——ホネットによる反論——

ホネットは、フレイザーの批判に対する反論として第二章と第四章とを執筆している。これらの章は、大筋においてホネット自身の承認論の擁護と、フレイザーの提示した案であるパースペクティブ的二元論の批判とに充てられている。以下では、順を追って見ていきたい。

（1）「承認としての再配分」

ホネットの立場は、第二章の題に端的に表されている。「再配分」とは、すなわち「承認」なのである。ホネットの承認論が「再配分」から目をそらしているというフレイザーの批判はまったく当たらないとホネットは考える。「承認」をめぐる闘争について論じる時、ホネットの理論はすでに、「再配分」をめぐる闘争についても射程に入れていたということである。

ホネットは、「承認としての再配分」と題された第二章において、「物質的」な平等への闘争も、承認に対する正当な要求が毀損されていることを表現するものとして解釈することが可能であると主張する（UoA 159-62 一五〇-四）。より具体的には、それは承認の第三の圏域をなす業績原理の解釈に関連を持つという意味で、承認をめぐる闘争として理解することが可能なのである（UoA 190 一八二）。

ホネットの否定的反応について、どう考えることができるだろうか。「再配分」を無視しているというフレイザーの批判を、ホネットがそのまま受け入れることはないだろうということはある意味では予想できる。およそ現代の社会理論家や哲学者で、経済的な平等が無価値であるという立場に立つということは想定しづらいし、経済的な問題を無視していると指摘されて、そうですと受け入れるということも考えづらい。その意味ではホネットの反応は意外なものではない。

それでも「再配分」をめぐる闘争が承認論によって十分に説明されうるし、またそうした説明の方が他よりも優れているという見解を示したことは、注目に値するだろう。というのもかつてホネットは、社会的コンフリクトの理解に関する功利主義的解釈との対比において、財の配分をめぐる闘争が、承認をめぐる闘争には回収されない次元を有していると述べていたからである（KuA 265 二一九－二〇）[6]。承認論によるコンフリクト・モデルは、経験的なレヴェルにおいては「集団的な利害追及の準拠モデル」や「功利主義モデル」を代替するものではなく、それを補完することができるだけであるとホネットは書いていた（KuA 265 二二〇－一）。つまり物質的な財をめぐる集合的闘争を理論的に位置づけるうえでの功利主義的なアプローチの有用性を、一定程度認めていたと見ることができる。ところが今回の論争では、承認論をいわばより全面に打ち出している。ホネットによれば、「配分をめぐるコンフリクトを、個人または集団の社会的貢献の適切な価値づけをめぐって争われる特殊な承認闘争として解釈するほうがはるかに納得がいく」（UoA 202 一九五）のである。

鍵となるのは、コンフリクトの道徳的次元への着目であろう。ホネットは、自身の理論が「承認一元論」であるに過ぎないというフレイザーの糾弾に応えて、半ば冗談交じりに、自身の理論はむしろ「道徳理論的な一元論」に帰着すると述べている（UoA 186 一七八）。つまり社会的コンフリクトや闘争は、その根の部分において社会の成員が正統なものとして見なしている相互承認の原理とつねに関連づけられている（UoA 187 一七八）。ホネットの定式を用いるならば、「あらゆる社会的闘争の動機となる基盤は、承認拒否の経験として記述するのが有意味であるような、道徳的経験に見出される」（UoA 187 一七九）。

（2）「差異」に関わる闘争としての再配分

ホネットは、「再配分」をめぐる闘争が承認をめぐる闘争として解釈できるというその例として、ヨーロッパの労働運動に関する歴史的研究をあげている（KuA, UoA）。労働運動は、物質的な要求を掲げる労働者の闘争として、典型的な経済的闘争と理解することが従来は支配的であった。利益の最大化という、経済主義的な枠組みによって労働者の行為の「文法」は把握されてきたのである。ところがホネットが力説するところでは、エドワード・P・トンプソンや、バリントン・ムーアによる歴史的な研究（UoA 155-6 一四五－六）が示すのは、ヨーロッパの伝統的な労働運動において、労働者の被った不利益や抑圧は、経済的な侵害というよりは、労働者の生活様式や伝統に対する文化的な侵害として経験されたということである。物質的な困窮ではなく、固有に伝承されてきた名誉への要求の毀損こそが、労働運動の動機面の支柱であったということをこれらの研究は明らかにしたのである。アイデンティティの毀損に対する抗議あるいは抵抗というのが、適切に理解された労働運動なのである（UoA 155-6 一四五－六）。

女性の家事労働をめぐるフェミニズムの闘争は、どうだろうか。ホネットによれば、賃労働としてカウントされない女性の家庭での見えない労働に関する抗議は、その根底において、自らの業績に対する正当な評価を得たいという承認のロジックによって貫かれている。すなわち、承認の第三の圏域である業績原理によって、女性の家事労働の社会的貢献をより低く位置づけるような社会的価値づけのパターンを転換するよう求める文化的闘争として、それを理解することが適切である（UoA 182-8 一七三－八〇）。ここでも、経済的人間のモデルでは必ずしも見えてこない次元への着目が、闘争の理解において不可欠である。

なお、再配分への要求が、社会権の保障への要求として、当事者に位置づけられている場合にはどうだろうか。社会権の保障をめぐる闘争は、右の例とは異なり、承認の第二の圏域である法の平等性（平等原理）に関わる闘争であるとホネットは述べている。そうすると、再配分への要求は今日、二つの形態をとりうると言える。

しかし、これは筆者にとり重要な論点であるのだが、今日の社会的コンフリクトにおいてどちらがより前面に出ているのかという意味では、ホネットは業績原理をあげる。ホネットによれば、資本主義における社会的コンフリクトの日常的な形態を大方において支配するのは、業績原理に基づくコンフリクトである。例えば低収入や失業に対する抗議は、平等の観念に鼓舞されたものというよりも、自身の業績が適切に顧慮されないであるとか、それが正当な社会的な評価を得ていないとかといったふうな何か「差異的なもの」に関わる闘争としての色彩を色濃く持っている（UoA 181 一七二‐三）。ホネットの側にたって述べるなら、フレイザーはこの、経済的闘争に内在する「差異」のレヴェルを完全に見落としている。

この最後の点は、次のようにも言い換えられるであろう。フレイザーの理論においては、再配分が正義（論）の不可欠な要素として、一見独立して脚光を浴びているかのように見えながら、その実、より深いレヴェルにおいて、その理解がなおざりにされている。個人を道徳的に動機づける感情や、渇望といった次元について、フレイザーはあまりにも無頓着である。なぜある人が、低収入や失業、あるいは劣悪な労働環境に反対をするのか、何がその人を動かし、時に集合的抗議への参加を思い立たせたのかという、ホネットにしてみれば避けては通れない問いに対してほとんど応えていないのである。

ホネットのこの不満は正当性、さらには歴史性への問いとして、ホネットの反論のあちこちに登場している。フレイザーは結局のところ、再配分への要求というものが一体何であるのかということを真の意味では解明していない。それを理解し、適切な答えを求めたとしたとき、その理論は承認論に接近するはずなのだというのが、ホネットの言い分であろう。

(3) フレイザーの時代診断とパースペクティブ的二元論に対する疑念

フレイザーに対して、ホネットが他にどのような反論を行ったのかについてもここで触れておきたい。ホネットは、フレイザーの時代診断や、パースペクティブ的二元論に対しても比較的丁寧にレスポンスをしている。

第一に挙げられるのは、フレイザーの時代診断の普遍性に対する疑問である。フレイザーは「ポスト社会主義的条件」として、(再)配分への関心が、アイデンティティへの関心によって置き換わったという像を描いている。しかしこの像は、大目に見ても、北アメリカで当てはまるに過ぎない。フランスやイギリス、あるいはドイツでは、労働政策や社会保障、あるいはエコロジーが強力な地位を保っており、アイデンティティ・ポリティックスのような社会的闘争は二次的な役割を果たすにとどまっている (UoA 139-40 一二七-八)。フレイザーの診断はアメリカの経験を一般化したにすぎない、偏ったものであるとホネットは見ている。

第二に、社会運動との距離である。フレイザーは「ポスト社会主義」の時代診断として、同時代の社会運動が掲げる目標や関心に依拠することの有効性を根拠なく決めつけ、しかもその社会運動すらも、一定のイメージに当てはまるものだけを恣意的に抜き出している。そこでは議論を始めようとして暗黙のうちになされている想定がすでに「誤り」を含んでいるとして、ホネットはフレイザーを厳しく批判している (UoA 142 一三〇-一)。ホネットによれば、社会運動としての (研究者の) 認識・認知それ自体が、承認をめぐる闘争の、特に世間の耳目を集めることに成功した承認をめぐる闘争の、結果なのである。その裏には、社会的な苦しみを味わう集団や個人が、見えない場所で行ってきたであろう抗議や闘争が数多く存在するはずであるが、これらはフレイザーの説明では顧みられない。フレイザーの作為的な光は、承認をめぐる数多くの闘争の中から、すでに運動としての公認を勝ち取った「新たな」社会運動のみに当てられている (UoA 142-7 一三一-六)。

このフレイザーによる恣意的な抜き出し戦略についてホネットは、フレイザーが道徳 (理論) 的に意味のある社会的苦痛や剥奪を「次々に捨象」することで還元主義 (Reduktionismus) をとっているいると述べており、いわば返す刀で自らに帰せられた還元主義者の汚名をフレイザーに与えている（UoA 140 一二八－九）。フレイザーこそを還元主義者とするこの批判は、ホネットによる反論の最初の部分（第二章第一節）にすでに登場しているが、このことは還元主義という批判をホネットが意識していることの表れであるかもしれない。

第三に、フレイザーのパースペクティブ的二元論に対しても、ホネットは極めて否定的である。というのも、現代の社会運動や社会的コンフリクトを理解する方途として、仮に「承認」が不十分であるとしてなぜ、それを補完するものが「再配分」であるのか、ホネットにとってはまったくもって不明だからである。フレイザーは、承認論の欠点を補うものが「再配分」への着目であると述べるのであるが、道徳でも法でもなく、よりによって「再配分」である理由を示していないとホネットは考える。資本主義的社会秩序が「経済」と「文化」という、これら二つのパースペクティブによって探究されうるというテーゼの根拠を、フレイザーは納得の行く仕方で示していないのである（UoA 186 一七七－八）。

3　承認論の内部へ――近代社会における規範性の在処――

以上で見たように、ホネットとフレイザーとの間での意見の隔たりは小さくない。「再配分」を承認の枠組みで捉えることが可能なのか、あるいは望ましいのかという点において対立している状況である。

ホネットとフレイザーとの間にはしかし、「承認」とはそもそも何を意味するのかというより原理的なレヴェルで対立が存在する。そしてこの対立は、ホネットとフレイザーがそれぞれ、近代社会あるいは近代の社会制度をどのようなものとしてみるのかという問題ともつながっている。[7] 以下で見ていきたい。

（1）アイデンティティかステータスか

フレイザーが承認について論じる仕方は、特徴的である。フレイザーの承認論は、一言で言えば、アイデンティティなしの承認論という性質を持っている。そこではアイデンティティの概念そのものが理論の枠組みから除外されようとしている。

どのようなことだろうか。フレイザーは、自らの理論において承認の次元は、「アイデンティティの健全性」（intact identity）に関わるのではないと断言する（RoR 219 二四五）。フレイザーは、ホネットとの違いを際立たせる仕方で、次のように述べる。

> ホネットは、善き生についての理論なしには、リベラルな理念を十分明確に説明することは不可能だと論ずる。さらに言えば、道徳心理学の優位を手放さないという点で、ホネットが提案する構想は心理学的である。そのため、ホネットにとって、人間らしさを涵養するための主要な要素は、「健全なアイデンティティ」なのである。したがって、リベラリズムを再構築するホネットの試みにおいては、ある社会が公正であると言いうるのはその社会の成員が健全なアイデンティティを展開させることが可能である場合に限られることになる（RoR 224 二五二）。

フレイザーは、常にアイデンティティの概念に否定的であったわけではないだろう。フレイザーの理論の展開をたどってみると、かつてのフレイザーはアイデンティティの形成をフェミニズム運動の重要な課題・要素と位置づけていたことがわかる。クレイク・キャルホーンの『ハーバーマスと公共圏』に収められた「公共圏の再考」では、フレイザーは、女性や労働者、有色人種、性的少数者による対抗的公共圏の営みを、「自身のアイデンティティ、利益、ニーズをめぐる対抗的な解釈」の形成に見ていた(8)。

ホネットの『承認をめぐる闘争』の前年に発表されたこの論文と比較すると、一九九〇年代後半以降のフレイザーは、アイデンティティに関する自身の立場を転換したようである。その理由を推測すると、フレイザーが述べているような急速に台頭した文化の政治、そこにおける経済的平等の軽視や、本質主義の存在感が大きいのかもしれない。

もちろんフレイザーのこの転換は、アイデンティティ抜きの承認論が一体可能であるのかという基礎的な疑念を引き起こすものであるが、フレイザー自身はそうした理論が十分に成立可能であると見ているようである。フレイザーによると、承認をめぐる闘争には、今日二つのタイプが存在する。「主流の多文化主義」と、「脱構築」である。そして、フレイザーが支持するのは「脱構築」であり、これは既存の序列的な価値パターンを転換する試みとして、フレイザーが唱える「参加の平等」と親和的なものとして捉えられている（RoR 75 九〇 - 一）。既存のアイデンティティを肯定するのではなく、それらのアイデンティティの基底にある区分——「男性／女性」「白人／黒人」「異性愛／同性愛」「既婚／未婚」——を揺さぶる実践こそが、フレイザーの考える承認の政治なのである。

（2）従属をめぐって——制度への視点——

ここでもう一度、フレイザーが何を意図しているのかについて見ておきたい。フレイザーがアイデンティティにかわって社会批判と正義の構想の中心に据えたいのは、ステータスの概念であった。フレイザーは次のように述べている。

私にとって、その〔承認の〕次元は、アイデンティティの健全性ではなく、ステータスの平等に関わる。さらにそれに制度的に対応するのは、ステータスの秩序全体となる。さらに、ステータスの秩序は、広義に、現代の社会制度の全域に及ぶものとして理解される。さまざまな価値パターンがさまざまな場所で相互作用を統制しており、そうした価値パターンを構成する要素は、家族や法だけでなく——さらに二つだけ挙げれば——コミュニケーション・メディアや宗教などさまざまに存在する。それゆえにホネットとは異なり、私は承認の次元を三つの独立した領域に区分し、その各々を異なる社会制度・異なる心的傷害・異なる規範原理に結び付けることはしない（RoR 219［二四五］）。

フレイザーは、アイデンティティではなくステータス（地位）の問題として、承認にアプローチすると述べる。その意図は、フレイザー自身の説明によれば、承認あるいは誤承認を従属（subordination）の問題として位置づけ、それを支える社会制度のあり方を議論の俎上に載せることにあった。

男性中心主義や異性愛主義、人種主義などのイデオロギーは、近代の中核的社会制度をなす家族や労働市場、あるいはマスメディア、福祉行政の領域に浸透して、従属の強固な秩序を作り上げているとフレイザーは見る。これらの領域で人々は、その期待や自己イメージにしばしば反する形で、階層的な秩序の諸層に割り当てられることになる。誤承認のこうした現実に、ホネットの理論は十分に光を当てることがない。これらのイデオロギーが、少なくとも一部の人々にとっては、道徳的なもの、正当なものとして感じられているにもかかわらず、である。従属の現実を何か周縁的なものとして、漸進的に正義や平等が実現される近代社会での逸脱として片づけるかのようなアプローチは、フレイザーにとっては不適当なのである。

これらの批判は、近代の社会諸制度をどう見るかという本質的な問いに関する両理論家のズレを浮き彫りにしている。従属的関係によって特徴づけられたものとしてそれらを見なすのか、あるいは相互主体性の、さらには自由の条件として見なすのか。後者の見方に立つホネットにとっては、前者の見方こそが難点を抱えている。ホネットにとり、前者の見方は、近代社会の内包する規範性、特に自由の理念の実現へと向かうその規範的なポテンシャルを捉え損ねている。ホネットの考えでは、フレイザーは、近代的な法と権利の概念の意義をおよそ把握することができなくなっているのである。

（3）法の規範性

法に関するこの二人のやりとりを最後に追ってみよう。フレイザーは、ホネットに対する応答（第三章）において、法が、自身のパースペクティブ的二元論において「正義の二つの次元である配分及び承認に関係するもの」として、「この二つの次元の中で、従属を媒介するものであると同時に、従属を是正する手段」を構成すると述べている（RoR 220 二四七）。法が、従属を是正することもありうるとして、法の解放的なポテンシャルを一応認めた形にはなっている。フレイザーは、例として同性婚の合法化や、アメリカにおける人種差別的捜査の非合法化、障害者の権利に関する法律をあげる（RoR 220-1 二四七）。

これに対し、ホネットは、フレイザーが法にせいぜい「道具的」な役割しか認めることができていないとして非難する（UoA 289 二八四－五）。ホネットの考えでは、近代法の中核をなす「主体の権利」は、正義を媒介するというよりは、それ自体が正義の一要素として、近代の平等主義的秩序を支えている。互いを「民主主義的な法社会の一員」として、そして「自律に値するもの」として見なすという、「主体の権利」に埋め込まれたまさにその相互主観的な契機こそが、従属を悪しきものとして、その転換を求めるための視座を形作るのである。従属の現実をことさらに言い立て、この契機を見落とすことは、結局は規範性の不足を招き、理論的な自己矛盾に陥ってしまう。

規範性の不足というホネットの批判は、フレイザーの理論展開の全体からすると、実に皮肉なものである。というのもフレイザーの理論の草創期をなすフーコー論から、ハーバーマス批判、そして本論争もその中に位置づけられる「文化の政治」への異議申し立てに至るまで、フレイザーはしばしば批判理論における規範性の不足を問題化し、「規範的基準」の探求に心血を注いできたからである(9)。

近代社会の規範性をめぐるホネットの疑念は、システム統合と社会統合とのジレンマという指摘にもつながっている（UoA 285-95 二八〇－九〇）。ホネットによれば、フレイザーは従属の秩序を強調するあまり、システム統合とは区別された、社会統合の次元を思い描くことができなくなっている。フレイザーの理論においては、規範性を内包したものとしての社会統合の概念が理論的な空白地帯となっている。フレイザーは「参加の平等」に自らの理論の規範性を担保する役割を与えようとしているが、ホネットは同意しない。ホネットからすると「参加の平等」はそもそも、基礎づけの問題をまったくクリアしていない（UoA 301 二九七）。基礎づけの哲学的プロジェクトに対するホネットのこだわりと資本主義、とくにその従属的秩序の社会学的分析に対するフレイザーのこだわりとが、ここでは鮮鋭なコントラストをなしている。

おわりに

論争後の世界では、「再配分」の社会的存在感はむしろ増している。格差の世界的な拡大の中、オキュパイ運動などの社会運動は、経済的正義が依然として社会的な想像力の中に息づいていることを知らしめることになった。ホネットに従えばオキュパイ運動もまた、承認をめぐる闘争としてよりよく理解されることになる。しかしフレイザーからすればオキュパイ運動は、「再配分」をめぐる闘争の典型として位置づけられるものであろう。実際オキュパイ運動は、財の配分という次元に狙いを定めるものであった。「我々は99％である」というスローガンは、豊かな「１％」の市民に対する「99％」の市民の反抗として、文化的差異とは区別された、独立した経済的な闘争としての運動の本質を表すものであった。それは文化的属性に対して横断的に存在する富の不均衡を暴き、糾弾するものであったといえる。

そうした中で、「再配分」の失敗や誤承認がかりに感じられたとしても抗議の声を上げることに結びつかない、特異な主体のあり方についても今日さかんに議論されている。[10] 新自由主義のもと、承認をめぐるものであれ「再配分」をめぐるものであれ、あらゆる社会的闘争は見えづらくさせられている。フレイザーはこの、新自由主義的な「自己のテクノロジー」の問題を軸足に、代表という第三の枠組みを示し、「再配分から承認へ、そして代表へ」というわば三部構成の理論展開を後に行っている。[11] すなわち再配分か承認かという本論争の設定とは別の次元に新しい概念構築をしている。

ホネットとフレイザーとの間には、今日の批判的社会理論の構想について、根強い共通性もあると筆者は考える。伝統的な経済主義的パースペクティブの克服がそうだろうし、本章では取り上げることができなかったが、経験的準拠点の重視もそうである。さらに規範的要素の必要性についても、二人は認めている。この最後の点について、ホネットとフレイザーがハーバーマスとともに、規範性が不足しているとして彼らが非難するポストモダン的な社会理論に対する強力な対抗勢力を形成していることも忘れてはならないだろう。

注

（1）フレイザーは、この困難は再配分の論者の側にも当てはまると見ている。あらゆる不正義の原因を再配分の失敗に見出し、財の公正な分配を実現することで文化的次元での誤承認をも正すことができるとする「再配分論者」に対しても、フレイザーは批判を行っている。ロールズやドウォーキン、アマルティア・センは、この意味での再配分論者に分類される。フレイザーによれば、彼らは正義に叶った再配分という枠組みから承認に迫ろうとするが、その結果は満足のいくものではない（RoR 34, 99-100n. 34 四一、原注（15））。

（2）一定の条件とは、フレイザーによれば次のとおりである。第一に、文化、そして文化的差異の実体化を避けることである。第二に、価値多元主義という現代的条件の下で、中立的かつ義務論的な道徳的正当化に対する必要性を尊重することである。第三に、ステータスと階級とが、資本主義社会において分岐しうることを認めることである。第四に過度に統一志向的あるいはデュルケム的な文化統合の考え方を避けることである。これらの「本質的な必要条件」をすべて充たしたならば、配分のパラダイムが文化の問題を包含するように拡張されるという可能性、あるいは承認のパラダイムが資本主義の構造を包含するように拡張されるという可能性をフレイザーは排除しないと述べている。それでも、承認のパダイムが資本主義の構造を包含するように拡張されるという可能性については、フレイザーはかなり懐疑的なようである（RR 100n.37. 原注（16））

（3）同名の論文集を参照されたい。K. Olson, ed., *Adding Insult to Injury: Nancy Fraser Debates Her Critics*, London: Verso, 2008.

（4）以下の文献も参照。V. Schmitz, ed. *Axel Honneth and the Critical Theory of Recognition*, Cham, Switzerland: Springer, 2019.

（5）フレイザーの「参加の平等」の概念について、例えばOlson（2008）を参照。
（6）永井彰・日暮雅夫編著『批判的社会理論の現在』晃洋書房、二〇〇三年、一六九–七〇頁も参照のこと。
（7）Olson（2008）; Schmitz（2019）
（8）N. Fraser, "Rethinking the Public Sphere: A Contribution to the Critique of Actually Existing Democracy," in *Habermas and the Public Sphere*（C. Calhoun, ed.）, Cambridge, Mass.: MIT Press, 1992, pp. 109-42.
（9）N. Fraser, *Unruly Practices: Power, Discourse and Gender in Contemporary Social Theory*, Minneapolis: University of Minnesota Press, 1989; *Justice Interruptus: Critical Reflections on the "Postsocialist" Condition*, New York: Routledge, 1997.
（10）N. Fraser, *Scales of Justice: Reimagining Political Space in a Globalizing World*, Cambridge: Polity Fress, 2008, ch. 6-7.
（11）Fraser（2008）, ch. 6.

第9章 承認の忘却としての物象化
――コミュニケーションから承認へ――

宮本真也

はじめに

「物象化」とは一般に、人間主体やそれらのあいだの関係がモノとして現れてくる現象を意味する。そしてこの現象は、とりわけさまざまな価値が経済的価値に置き換わってしまう傾向にある現代では、私たちのあらゆる生活領域に広範に見いだせるように思われる。アクセル・ホネットが『物象化――承認論からのアプローチ――』において試みたのは、こうした物象化現象に、社会的承認論という視点から批判を加えることである。本章では、この物象化概念に私たちがこめる意味合いを確認した上で、ホネットがどのような読み替えを行うのかを見ていきたい。そして最終的に、ホネットの相互承認論そのものにも、どのような変更の可能性があるのかについて考察を加えたい。

1　現代社会と物象化現象

物象化という概念は、疎外と並んでマルクスと彼の影響を受けた人文社会科学系の言説において重要な概念である。特にルカーチが『歴史と階級意識』（Lukács 1923）で行った議論は、一九二〇年代のワイマール共和国の日常生活で広く感じ取られた不快感を、社会的物象化という概念で説明し、分析することをあらゆる世代の哲学者、社会学者にとって可能にし受容された。いわゆるフランクフルト学派の拠点でもあった社会研究所の設立に、『歴史と階級意識』が大きな影響を与えたこともよく知られている。

しかし、一九二〇年代からほぼ百年が経過した現代でも有効なのかどうかは、問われなければならない。ホネットによれば、現代においても私たちが「物象化」の疑義を寄せる現象は数多く起きている。しかし、それらにルカーチの解釈を直接適用することは難しい。ホネットが物象化概念の再活性化の必要性を見るのは、この点である。ホネットは以下の四つの事態に、物象化概念を読み替えることで新たな説明と批判の可能性を見いだしている（V 13-5 [14-7] 一一-四）。すなわち、①文芸作品の登場人物の関係性における、感情や共感の欠如、②文化社会学、社会心理学が明らかにしてきた目的合理的な感情操作、③恋愛関係と生殖活動の市場化、セックス産業での人格の道具化、④脳神経科学における、人格への配慮に対する観察という態度の優位である。

①の場合に考えられるのは、相手の感情だけではなく、自分自身の感情にすら配慮することなく行動し合う、乾いた、ないしは醒めた関係性である[1]。そこでは、自分の欲求にのみ忠実に動く人々が描かれている。

②の場合をめぐって、すでに研究の準拠点となっているのはアーリー・ラッセル＝ホックシールドの著作である（ホックシールド 二〇〇〇年）。そこでの主題は、感情労働における自己管理のあり方であるが、その現象は自他の感情の物象化に他ならない。ホックシールドが、マルクス主義とは別のコンテクストから物象化に関心を抱いている

ことは興味深い。現代ではそれほどまでに広く、この現象の問題性が感知されているのである。

③の問題は、本来は愛情を介して結びついた人々のあいだの領域、親密圏と関連する。第一に、晩婚化が進む社会で生殖をめぐる問題は切実である。しかし、その希望が発展途上国の貧困層の女性や、親族による代理出産でかなえられるのだとすれば、否応なく道徳的、倫理的な問いが頭をよぎる。[2] 第二にインターネットの発展は人的つながりを多様化してきたが、パートナー探しのサービスに参加するさいの自己定義、そして相手との適性確認をするための操作や判断には、消費者や顧客、あるいはサービス提供者の視点と同種の分類や単純化を行う傾向が現れている。[3] 第三に問題となるのは、セクシャリティの商品化である。そこでは性的サービス利用者と提供者の両側で、身体がニーズに応じて分類され道具化され、さらには感情労働が要求されるのである。

④の場合に分類できるのは、脳神経科学から発信された脳一元論や決定論と、それらに由来し広まった言説である。ここで念頭に置いているのは、心や人格の働きを脳神経の作用に還元する学術的な立場と、疑似科学的な言説である。日本社会においても脳の機能や性格の向上と維持のためのサプリメントや薬物、トレーニングなどをめぐる言説は、真偽の吟味なしにエンターテイメントや消費の場面で流布されることが多い。[4]

では、これらの現象を読み解く場合に、果たしてルカーチの公式の解釈に私たちは現代でも頼ることができるのだろうか。ルカーチにおいては、ホネットからすると物象化の問題群は道徳や倫理という規範的コンテクストから切り離され、「われわれの生活形態を理性的なものとする人間的実践や態度様式」（V 16-7［18］一四）からの逸脱と定義される。それらの逸脱への批判の基礎をルカーチは、人々の生活の理性的なあり方を記述する、社会存在論ないし哲学的人間学に求める。つまり、ルカーチは物象化を、資本主義社会の成立と共に人々が互いに商品交換に入り込むことで取らざるをえなくなる全体的な態度変更の結果とする。すなわち、向き合う人物が客体となり、そして主体自身とその能力までもが資源としてしか考慮されない、そうした客体化する態度である。道具的態度の徹底化が人間の「第二の自然」として、認識のためのシェーマとして固定化することに誤りがあるとルカーチは明言している。

しかし、このルカーチの第二の自然についての議論は、丁寧に見れば社会存在論の次元に収まらない。つまり、ルカーチ自身もまた、経済的取引関係の及ばない領域にも物象化を見ており、そのことがなぜ問題であるのかについての説明は明確ではない。「静観」や「無関心」、感動のない受動的な傍観者としての態度が常態化して第二の自然となるということを、ルカーチもまた、単なる認識上の誤り以上のものとする。しかし、自らに物象化が及んでいると感じたときに私たちが不快感、不正意識を抱いたとすると、その理由は単なる認識上の誤りではないのだとするなら、どこに理由があるのだろうか。また、彼が物象化に抗うものとして想定する「真の」人間的実践や、人間の活動、労働の独自性へのヒントを、彼のテキストのなかに見つけ出すことは難しい。手がかりとして見込みがあるのは、ルカーチが問題視する物象化を引き起こす態度や思考の彼岸にあって、それらのコントラストをなすものである。ホネットがルカーチの議論の中で注目するのは、人間が自分自身と、その周囲の世界に対して関与する態度、すなわち共感（Anteilnahme）を含んだ態度である。

2　物象化の彼岸にあるもの

ルカーチ自身の関与する態度や共感についての叙述にホネットが注目するのは、ルカーチが密かに同時代の二人の哲学者、マルティン・ハイデガーとジョン・デューイと類似した考えを共有していることである。

ホネットはまず、ハイデガーとルカーチのあいだに三つの共通点を見いだしている。まず第一に両者は、近代哲学の袋小路の原因である主客の二元論、つまり、認識する主体と世界（客体）を中立的に対立させる支配的観念を壊そうとした（V 31［31-2］三五）[5]。また、第二にハイデガーの「気遣い（Sorge）」とルカーチの共感的実践は共に、資本主義のもとで物象化により損なわれるものを指し示し、現実に対する中立的な態度ではとらえられない世界の意味を開示している。また、この解釈において物象化された状況は、配慮と実存的共感の領域が完全に消去されているわけではなく、「誤った解釈枠組み」によって、人間の本当の存在様式が存在論的に隠蔽された状態である（V 33［34］三三―八）。最終的に、第三の共通点としてルカーチとハイデガーは、物象化された実践とは別の、本源的な気遣いに特徴付けられた実践は完全に失われるとは考えない。人間と世界のあいだの関係は、ルカーチとハイデガーにしたがうなら、情緒的に関係づけられ前もって肯定的に応じるという態度に始まり、感情的に中立な態度はそれに続くのである。この解釈において物象化とは、人や物に対して主体が共感するという態度をまったく取れなくなり、環境もただの事物的存在者（Vorhandenes）以上の意味を喪失する、そうした事態を表している。

ホネットによれば、ジョン・デューイもまたルカーチと類似した思考を明らかにしている。このデューイの思考がホネットにとって重要であるのは、ハイデガーの「気遣い」という概念を「承認」というヘーゲルに由来する概念に移行するための橋渡しの役割を担うからである。ホネットはデューイも、人間が世界に対して、それをまず第一に認識されるべき客体として中立的に向き合うという理解に否定的であったことに注目する。デューイによると、ある人物が個々の向き合うものには、人物と事物の区別なく、そこにまず根源的で、浸透的な質が感じ取られているのである（Dewey［1930］2003:106–16）。この浸透的な質は、感情的、認知的、意志的要素の区別なく、第一に私たちが世界に対して「実存的に隔たることなく、そこへと実践的に関与していく」（V 41 四七）ことによってのみ、私たちに開かれてくる。ホネットはこのデューイの議論に着想を得て、「承認する態度」の意味を拡充する。つまり、「承認する態度」とは、「感情的に中立化された認識という態度で前もって世界と関わるのではなく、どこまでも実存的な色合いを帯びた支持的な心配りという態度で関わる」（V 42［42］四七）、そうした根源的なあり方なのである。

3　承認の優位

すでに見たように、承認が、自他への中立的な態度に対して優位にあるというテーゼ、すなわち「承認の優位」のテーゼに、ルカーチ、ハイデガー、デューイの議論は収斂する。そして、このテーゼをホネットは、現代の発達心理学と、現代哲学という二つの領域においても支持されていると見なす。

まず発生的側面において承認の優位への道筋は、これまで支配的であった認知主義的な発達心理学、社会化研究のドグマへの疑義に始まる。ここで疑わしさを指摘されているのは、子どもは発達過程においてその認知能力を向上させるために、まずは準拠人格の視座の引き受けができることで自己中心的な視座を放棄する（脱中心化する）という学説である。ジャン・ピアジェとG・H・ミードに代表されるこの種の議論に対して、昨今注目されているのは、子どもと準拠する人物とのあいだの関係における、情緒的側面である。

ここでホネットが着目するのはペーター・ホブソンやマイケル・トマセロが解明した自閉症発症の仕組みである（トマセロ 二〇〇六）。彼らは経験的比較から、自閉症発症の原因として、体質的障壁のために子どもが早期に準拠する人物とのあいだで紐帯感を育むことが阻まれていることを突きとめた。そしてこの紐帯感のなかで他者と感情的に同一化することとできてはじめて、言語記号やシンボル的思考を展開することを可能にする視座の引き受けができるようになる（トマセロ 二〇〇六：一五六）。ミードにとっては、「ごっこ遊び」などを通して二人称の（具体的な他者、そして一般化された他者）の視座を引き受けることが、客観的に対象を認知するすべを学習するためのゼロ点であった。それに対し、新たに発見されたのは、さらに早いうちから乳児は大人のまなざしを理解し、自分へのまなざしを要求すること、そして指さしなどによって自分と同様に、ある対象にまなざしを向けること（共同注意）を要求することである。「九ヶ月革命」と呼ばれるこの時期の子どもが見せる相互行為における着目すべき進歩は、彼らによると、なによりも子どもたちの準拠する人物たちの感情に対する感応能力の発達によるものであり、感情的同一化を可能とする。そしてこの過程を経て子どもはやっと自分自身の視座から離れることができる。ここにいたって初めて子どもは、準拠する人物とのコミュニケーション的な身振りから多様な態度と意味を理解する術を模倣的に学習し、客観的に見ることも学ぶのである。

この感情的同一化による模倣的学習の主張に、ホネットはアドルノの議論との類似性を見出す。「人間は他人を模倣することで、はじめて人間となる」（Adorno 2001: 292 ［二三四］）こと、そしてこの類の模倣は「愛の原形」であることを、アドルノは『ミニマ・モラリア』ですでに述べていた。アドルノにとっても、実存的で感情的に他者へ関与ができることは、子どもが世界に対する他者の視座を意味のあるものとして受けとめることができるための重要な条件である。ホネットによるとアドルノもまた、個体発生において情緒的承認が非認識的前提として、世界を客観的に認識することに先立つと考えていたのである。

続いてホネットは、概念的な意味でも承認が認識に先立つことを明らかにしようとする。そのさいに彼が引き合いに出すのがスタンリー・キャヴェルである（Cavell 2003: 34-75）。キャヴェルが目指すのは、日常的な相互行為や、そこで交わされる願望や感情の表現を現在まで優勢な認識論的モデルから治療的に解放することである。例えばキャヴェルからすれば、一方で他者の内面について直接的に知ることができるとする立場も、他方でそのような知の不可能性を主張する懐疑主義者たちも、他の主体を知の対象としてしまう点で間違っている。言い換えるなら、認識論の語彙に縛られているのである。自らの痛みや嫉妬を「知る」ことは、主体自身ですらそれらの刺激からの感覚的、感情的な影響を受けているために、本来、困難なのである。では、キャヴェルはここからなにを導き出すのだろうか。

キャヴェルはジャン＝ポール・サルトルの分析と類似して（Sartre 1993: 405-23）、ある感情表現を向けられた二人称の人物が、言語を通じてそれに応じることについての興味深い主張を行なっている。ある人物による感情の言語による表現は、まず第一にある内面の状態をめぐる知の表明と理解してはならず、相手の注意を自分に向けさせ、そして相手を自分の感情世界に実存的に引きこむ行為なのである。それゆえに、この感情表現への応答も、話しかけられた側がその表現を適切に返答しなければならない内容と性質を持つものとして受け入れ、「共感」を表明することと理解されるべきなのである。このように相手の感情表現に対して「共感」をもって応えることをキャヴェルは承認と呼び、他者の感情や願望を理解するために不可欠な態度とするのである。

こうした立場はルカーチ、ハイデガー、そしてデューイの確信していた認識に対する承認の先行性とも一致する。異なるのは、キャヴェルが言語分析の手法で承認するという態度を擁護している点である。そして、彼の分析によるならば、私たちがある一定の種類の言語表現の意味を理解するためには、私たちは承認する態度でのぞまなければならない。ここでキャヴェルはカテゴリー的意味において承認の優位を主張するのである。「社会的相互行為の織物は……（中略）……認識行為ではなく承認的態度から織りなされている」（V 58［57-8］六九）のである。

4　承認の忘却

このようにルカーチが物象化論において言及していた積極的な共感と実践的な関与はいまや、発生的であると同時にカテゴリー的な意味でも、認識に対する承認の優位というテーゼにおいて理解される。

ホネットは、ルカーチの解釈とは異なり、現代において承認する態度の痕跡がいっさい残されていないほどに物象化が貫徹するとは考えない。世界あるいは人物を理解するために共感をもって関わる視座は、まず第一に満たさなければならない非認識的な条件であって、物象化を招く硬直した視座の単なる対立物ではないのである。さらには、認識のうちに「承認に敏感な認識の形式」と、「先行する承認に由来しているという感覚がもはや失われているような認識の形式」（V 67-8［66］八二）とを区別しなければならないとする。物象化においては共感的態度が閉め出されてしまうのではなく、アドルノの言葉を借りるならば、ここで承認は忘却されているのである。

あらゆる認識に先立って承認という現象が起きることが忘れ去られるときに、社会的な病理や懐疑主義、あるいは同一性思考が社会において優勢となり始める――このことには他の承認の優位の支持者たちもまた一致するだろう。この承認の忘却においてこそ、他の人々が単なる対象や事物となり、さらに彼女／彼らからの感情、願望の表現から私たちに寄せられる要請への応答可能性が麻痺してしまうのである。相手の感情と願望に私たち自身が刺激を受け、心を動かされ、相手とのうちに結びつきを感じ取る、そうした感覚が阻害されることを、承認の忘却は招くのである。承認という事実が「意識の上で背景に退き、それゆえ視野から消えることを余儀なくする現象、すなわち一種の注意の減少」（V 71［69］八七）こそが、承認の忘却としての物象化現象なのである。

このように物象化現象を読み替えるならば、従来、理解されてきた物象化現象の領域をさらに拡大する見込みがでてくる。ルカーチもまた経済関係に留まらず、官僚制、ジャーナリストの無定見（知識、気質、表現力）、社会の合理化のいびつな展開を指摘していたものの（Lukács 1923:107-9 一八二-七）、十分に説明されていたとは言いがたい。それに対して、物象化現象を承認論的アプローチから見てみれば、ルカーチもすでに（1）相互人格的な世界、（2）物理的な環境、（3）主観的世界（自己）が物象化されることを問題としていたことが分かる。

（1）他の人々に対する物象化という現象について、ホネットは二つのパターンの承認への注意の減少が典型的であるとする。つまり、認識する態度が目的を追求するあまりに一面化と硬直化をもたらすか、先入見やステレオタイプのために承認という事実を事後的に拒否するか、のどちらかである。前者は、相互行為のなかで、情緒的なつながりがある、重要な相手とのあいだであるにもかかわらず、外的な目的のために、相手を観察し認識する態度が全面化するケースである。後者には、レイシズムや所属（国籍、民族、文化、階級など）を理由に生じる差別や、非人間的な侮辱や承認の不在による虐待が含まれる。ここでは、民族浄化や社会的排除といった残酷な事態もまた、含まれよう。

（2）物理的な環境や自然の物象化は、形容矛盾のように聞こえる。しかし、ここで問題になっているのは、事物や自然も理論的に把握されるのに先駆けて、その質的意味を私たちに開示するということである。ホネットはこの理由づけのために、アドルノの本源的な模倣という考えを頼りにする。アドルノによると、子どもが客観的世界に認知的に接近できるようになるためには、まずは情緒的に同一化している人物（＝具体的な他者）との結びつきが必要なのである（V 75-7［73-5］九二－三）。そして、子どもは愛する人物の視座を模倣を通じて記憶、学習し、その後も対象に対して、脱中心化された視点として保つのである。このことで主体は他者の視座をより多く同じ対象に向けて統合し、その程度に応じて、対象は主体に対して客観的な次元で、より豊かに意味の諸相を示すと、アドルノは確信していた。ここで自然の物象化が意味するのは、言わば二次的な承認の忘却であり、そこでは私たちがかつて承認する態度で接していた人物との関係性が視野から消えてしまい、結果として元来あったはずの意味の諸相が失われてしまうことである。私にとって大事な他者が抱いていた、慈しみ、愛着、共感の対象であったことが全面的に忘れられ、生じる現象である。

（3）ルカーチもまた精神的な行為の世界、主観的世界に起きる、自己物象化について言及していたが、それは自己への承認を欠いた状態と言える。ホネットは自己自身への承認的態度を説明するために、ドナルド・ウィニコット、アリストテレス、そしてペーター・ビエリの議論を援用する（V 78-93［76-90］九七－一一八）。これらの議論ではそれぞれ、自己の内面への共感と関心（Winnicott 1989）[6]、自らの欲望や情念への情愛を伴う抑制[7]、そして自由意志を可能とする自分自身の感覚や願望への積極的な態度（Bieri 2001）の意味が問われている。これら三人の議論から言えることは、自己の内面的世界への配慮や共感が、自己関係の本来的な倫理的理想として想定できるという点である。彼らの議論は共に、自己の内面を承認的態度でもって主体が受け入れることが、心的健康、良好な自己関係、自由意志の達成と維持に役立つことを強調する。それゆえ、自己の内面世界に向けられた承認や共感が忘れられたり、蔑ろにされることは深刻な帰結をもたらすのである。

自己の内面的世界に対する態度において起きてしまう自己物象化には、デイヴィッド・フィンケルシュタインにしたがうと、まったく反対の二つの態度がある。すなわち、「探偵主義」モデルと「構成主義」モデルである（Finkelstein 2008）。

「探偵主義」とフィンケルシュタインが名付ける主体の自己関係のあり方は、自分の内面的な感情、願望を探求するさいに、客観的世界に関わるさいの態度を用いてしまうというものである。つまり、感情や願望は所与のものであり、私たちはそれらに単に内面へと適用された中立的な認識行為で接近すればよいとするモデルである。「構成主義」モデルにおいて、私たちは、自身の願望、感情、そして意図を抱き、表現するときに、いわばそれらを私たちのうちに存在させようと意図する。つまり、「構成主義」モデルで主体は自分の私たちの願望と感情を自由に自己定義してしまえることになる。つまり、気分、感情、願望などの、私たちを襲い、揺さぶり、影響力を与える、自分ではどうしようもない特性を「構成主義」は過小評価している。私たちが内的状態自体に自己を制約するような感情の性質を「構成主義」は見落としているのである。

これらの自己物象化に陥らずに自己の内面と向き合う態度として、ホネットは「表現主義（Expressionismus）」というモデルを提唱している。このモデルにおいて私たちは、否応なくさらされている感情や願望、気分に対し積極的に関わっていくという態度を取る。私たちが自分自身の感情や願望に気づくこと、そしてそれらを表現するさいには、その自己の内面世界への関わりに先駆けて、自分自身を肯定していなければならない。つまり、自分自身の心的状態に対して、それらを自分のものとして認め、分節化し表現するに値するものであるととらえるほどに、主体は自分自身を承認していないといけない。ここで語られているのは、他者に対してと同様、自己に対しても与えられる承認の優位である。また、自分自身の感情や願望の表現と意味自体も、私たちが自由に好き勝手に選んでよいものではなく、それらは言語的なコミュニケーションを介してこれまで学習し、なじんでいる生活世界のコンテキストに照らして初めて生まれてくるのである。

5　批判的社会理論のために

これまでアクセル・ホネットによる物象化概念の読み替えについて見てきたが、最後に社会理論としてのこの試みの意義、そして社会批判との関係について考察を加えてみたい。

ホネットは物象化概念をルカーチの非公式の意図にしたがって深化し、経済領域の内部にとどまらない問題にも適用できるようにした。そのためにホネットは、物象化をまず第一に承認の忘却としてとらえるという提案を行った。

しかし、物象化をこのように解釈するための前提である承認の優位のテーゼは、ホネット独自の承認論に照らしてみると、その最初期に示されていた体系全体の変更を暗示している。また、このことは社会批判のための知的道具立てを用意する、批判的社会理論の再考ともつながっている。ホネットの主著である『承認をめぐる闘争』の基本思考を知る者であるならば、『物象化』でテーマとなっている共感的態度、ないしは承認する態度と、彼の承認論の体系との関係が気になることだろう。ホネットの承認論の体系がヘーゲルに倣い三つの承認形式（愛、法的尊重、連帯）からなっていること、それぞれの形式における他の主体からの承認が自己アイデンティティの形成につながること、そして誤った承認、不当に認められないこと（＝侮辱されること）、承認の欠如が社会的な闘争の端緒となり社会変動の推力となることは、よく知られている。[8]しかし、『物象化』で語られている次元の承認は、『承認』での議論とは重なり合わない。『物象化』で語られている承認は、『承認』で語られている第一の承認形式、つまり、情動を介した関係性における承認と類似しているようにも見える。しかし、この点において私は、ホネットの議論のなかには、承認に先立つ承認、あるいは本源的承認という着想が存在し、その本源的承認にしたがって分化してくるのが『承認』における三つの承認のアスペクトであるとされていることを強調しておきたい。[9]したがって、この本源的承認は、それぞれに分化した承認形式とも妥当要求においてもコンフリクトにおちいることはありえないのである。

このように、ホネットの『物象化』における承認概念の拡張を受ければ、さらに批判的社会理論における基本カテゴリーの変更がほのめかされていることにも気づく。承認の優位のテーゼによると、私たちは共感的態度に満ちた支持を受けるなかでこそ、模倣をつうじて準拠している人々の視座の引き受けることができるようになる（V 47-8［46-47］五六－七）。こうして初めて、私たちは世界における事物を客観的に把握することもできるようになるのである。この帰結は、批判的社会理論においても重要な役割を担っている主体の成り立ち、すなわち社会化／個人化の学習過程についても無視できない。この点において、ユルゲン・ハーバーマスが構築したコミュニケーションに重点を置く社会理論の不完全さが明らかになってくるのである。

周知のようにハーバーマスのコミュニケーション・パラダイムの中心には、相互行為の相手と互いに了解を志向して向き合うコミュニケーション的行為者が位置している。この行為者たちは、承認の優位という観点を取るならば、基底的な本源的承認の態度を学習していなければ、コミュニケーション的行為の参加者の視座はおろか、中立的に事態に向き合う視座すら身につけることはできない。『物象化』においてホネットが強く主張するのは、認識に対する承認の優位である。しかし、このことは同時に、コミュニケーションに対する承認の優位もまた意味している。『物象化』で試みられたことは、このようにまずはホネットの承認論の内部における体系的な変更を、そしてその結果として、批判的社会理論において承認パラダイムをコミュニケーション・パラダイムの基礎に置くという変更を潜在的に迫るものなのである（V 66-7［65］八一）。このように承認の優位のテーゼは、本来、行為者が複数の視座を学習するという意味での承認のエピステモロジーの構想につながる、長い射程を持っているのである。

おわりに

最後に、この承認論的に読み替えられた物象化概念が、どのような現代社会の現象を見る場合に有効であるのかに触れたい。ホネットが念頭に置いているのは欧米先進国の現状ではあるが、承認の忘却に由来する不快感、不正意識は、私たちにも疎遠なものではない。私たちが日本社会で目の当たりにする、ごくありふれた現象のなかにも、承認の忘却としての物象化を見出すことができる。特にＩＴ技術に支えられたさまざまなサービスや活動には、便利さ、快適さの代償として自他の物象化が起きているように見える。

例えば、日本の卒業を控えた大学生の就職活動、あるいは恋愛、結婚の相手探しの活動（いわゆる婚活など）には、共通して「探偵主義」と「構成主義」の両方の自己物象化の態度を見出すことができるだろう。そもそもこれらのサービスに参加を希望するものはインターネットで自分自身をウェブ登録しなければ活動を始めることができず、そのさいには自分の特性、能力、長所・短所を記入しなければならない。しかし、この「記入」という作業は、多くの場合にサービス提供側から用意された特定のカテゴリーに自分を書き込むだけか、すでに流布している想定上の（理想の）候補者のパターンをなぞるだけのこともある。つまり、そこでは、まず他者が定義した属性に合わせて、自分にあると思われる合った属性を発見し（探偵主義）、自分の希望する業種、あるいは自分にとって望ましいパートナーがよしとするだろう属性を、事実としての「私」との照らし合わせることなく持つようにする（あるいは「持つ」ように努力する）（構成主義）だけなのである。定義があいまいでありながら、就職希望者のみならず、さまざまな領域で活動する人々について、聞き慣れない「能力」が労働市場で期待（要求）される傾向と、それに自分を同化することを強制する社会の趨勢もまた、自己物象化に拍車をかけているとも言えよう（本田 二〇〇五）。そして、これらのサービスにおいては当然ながら、検索して得られたデータを検討し、候補を選抜する側もまた存在する。

こちらの側ではすでに検索の段階から、複数の属性の組み合わせにしたがって「理想の人物」が見つけ出されるのだが、最終的に表れる「人物」には、実のところ「理想とされる」破片がいくつか含み込まれているにすぎない。承認に値する一人の人格を探すことが、手続き的に最初から放棄されているという意味で、相手に対する承認は忘却されている。こうした事情はいわゆる結婚市場においてもまた起きていることは想像に難くない。

これらの例に見られるように、日常実践のなかでうまく表現できず、「単なる不平不満」と片づけられてきた訴えのなかにも、正当な「理由」があることに私たちは後から気がつくことがある。不正意識や不快感を分節してくれる概念や言葉は、常に私たちの手元にあるわけではなく、それらの不在によって訴えが封じ込められていることもある。批判的社会理論の「理論」としての成功は、この「理由」を浮き彫りにし、それぞれの社会文化状況でも、普遍的な次元で語ることのできる新たな語彙を生み出すことにあるはずである。それゆえこのように承認論的に解釈しなおされた物象化概念の成否は、今後新たになにが可視化されるようになるのかとも関わり、それは公共圏における批判的なコミュニケーションにおいて試される必要があるのである。

付記

本章は、宮本（二〇一四）の議論を再検討し、加筆修正したものである。

注

（1）　例えば、ウルベック（二〇〇六）を参照。

（2）　日本では代理出産と有償の卵子提供は、日本産科婦人科学会によって未だ認められていないものの、それに反して積極的にこれらの施術が行うケースも少なくはない（朝日新聞 二〇〇六）。また、卵子提供と代理出産については発展途上国で行われることが多い。これらの問題については柘植（二〇一二）、及び大野（二〇〇九）を参照。

（3）　これらの現象については本章の終わり（一七九頁以降）に、自他の物象化に即して触れることにする。

（4）疑似科学的な能力についての言説分析については、宮本（二〇一三）を参照。

（5）ルカーチのハイデガーとの近さは、特にLukács（1923: 257-397 一五九－三六八）、Heidegger（1969: 240-81 二二四－九七）に見出すことができる。

（6）この解釈をホネットはKuA（152-3 一三一；V 81 一〇〇）において展開している。

（7）アリストテレスの『ニコマコス倫理学』においては愛をめぐる考察のなかで特に第九巻の四章から八章が重要である。

（8）ホネットの理論的変遷と承認論の射程については日暮（二〇〇八）が詳しい。特に第4部を参照。

（9）他者をして叡知的存在者として尊敬の感情を抱くことによって、自らの自己愛を克服して脱中心化をはかるという本源的承認のモデルを、ホネットはカントの議論を援用して、物象化現象とは別の社会的病理のコンテクストにおいて展開している（U 22 二五）。この点については宮本（二〇二二）を参照されたい。

参考文献

Aristoteles, *Nikomachische Ethik*, IX. Buch, 4-8. Kap.（高田三郎訳『ニコマコス倫理学（下）』岩波書店、一九七三年）

朝日新聞社「『孫』を代理出産——五十代後半女性、娘夫婦の受精卵で——」『朝日新聞』朝刊、二〇〇六年一〇月一六日、第一—二面。

Bieri, Peter, *Das Handwerk der Freiheit*, München/Wien : Carl Hanser, 2001, Kap. 10.

Cavell, Stanley, »Wissen und Anerkennen«, in: ders., *Die Unheimlichkeit des Gewöhnlichen*, hg. v. Davide Sparti und Espen Hammer, Frankfurt/M. : Fischer, 2003, S. 34-75.

Dewey, John, »Qualitatives Denken（1930）«, in: ders., *Philosophie und Zivilisation*, Frankfurt/M. : Suhrkamp, 2003, S. 106-16.

Finkelstein, David, *Expression and the Inner*, Harvard University Press 2008, Kap. 1.

Heidegger, Martin, *Sein und Zeit*, Tübingen : De Gruyter, 1967（11.Aufl.）.（原佑・渡邊二郎訳『存在と時間Ⅱ』中央公論社、一九七一年）。

日暮雅夫『討議と承認の社会理論——ハーバーマスとホネット——』勁草書房、二〇〇八年。

ホックシールド、アーリー・ラッセル『管理される心——感情が商品になるとき——』（石川准・室伏亜希訳）世界思想社、二〇〇〇年。

本田由紀『多元化する『能力』と日本社会——ハイパー・メリトクラシー化のなかで——』NTT出版、二〇〇五年。

Lukács, G., *Geschichte und Klassenbewusstsein. Studien über Marxistische Dialektik*, Berlin : Der Malik Verlag, 1923.（平井俊彦訳『歴史と階級意識』未來社、一九九八年）。

宮本真也「こころのエンハンスメントとしての「脳力」論」西山哲郎編『科学化する日常の社会学』世界思想社、二〇一三年。

宮本真也「コミュニケーションの病理としての物象化」『情報コミュニケーション学研究』第一四号、明治大学情報コミュニケーション学部、二〇一四年、一七-二九。

宮本真也「『見える』／『見えない』の社会理論――まなざしの前提としての社会的承認をめぐって――」高馬京子・松本健太郎編『〈みる／みられる〉のメディア論――理論・技術・表象・社会から考える視覚関係――』ナカニシヤ出版、二〇二一年。

大野和基『代理出産――生殖ビジネスと命の尊厳――』集英社新書、二〇〇九年。

トマセロ、マイケル『心とことばの起源を探る――文化と認知――』（大堀壽夫・中澤恒子・西村義樹・本多啓訳）勁草書房、二〇〇六年。

Sartre, Jean-Paul, *Das Sein und Nichts. Versuch einer Phänomenologischen Ontologie*, Reinbek bei Hamburg 1993.

柘植あづみ『生殖技術』みすず書房、二〇一二年。

ウルベック、ミシェル『素粒子』（野崎歓訳）筑摩書房、二〇〇六年。

Winnicott, Donald, *Vom Spiel zur Kreativität*, Stuttgart : Klett-Cotta, 1989.

第10章 現代社会における自由の在処
——ホネット『自由の権利』の挑戦——

水上英徳

はじめに

『自由の権利』はアクセル・ホネットの第二の主著と言える。同書は、承認論の嚆矢となった『承認をめぐる闘争』以来の書き下ろしの単著であり、哲学や倫理学のみならず歴史学や社会学などの経験的研究も縦横に活用し、現代社会の多様な側面を射程に収めたホネット社会思想の明らかな到達点を示している。同書の「序文」でホネットは、執筆にほぼ五年を要しながら「あらんかぎりの努力にもかかわらずまだ完成していない」(RF 9)との印象を抱いていると記すが、それはホネットが最初から立てていた「本当に途方もない要求」に関係しているという。「私は、社会的正義の諸原理を直接、社会分析のかたちで展開するという考えで、ヘーゲルの『法哲学』を手本としこれに倣おうとした」(RF 9)。ホネットは、規範的な正義論と経験的な社会理論とを一体的に展開するという『法哲学』の構想を今日の時点で引き継ぎ、現代社会に即してあらためて追究しようとする。

実のところ、『法哲学』のモチーフの現代的継承はかなり以前から取り組まれてきた。一九九九年の「スピノザ講義」をもとに二〇〇一年刊行の『自由であることの苦しみ』(LaU)は、『法哲学』に関しホネット独自の読み解きを示した。二〇〇八年時点の「日本語版への序文」で、同書は最終的に『自由の権利』に至る「現在の思考の開始点に立っていたもの」(LaU 四) とされる。その後、二〇〇三年刊行のナンシー・フレイザーとの論争書『再配分か承認か?』(UoA) にてホネットは近代社会の承認秩序を、愛、平等原則、業績原理という三つの承認原理に基づく三つの承認圏域が分出したものとし、独自の近代社会像を提示する。それは「ヘーゲル『法哲学』の一種の社会理論的変換を行う試み」(UoA 169 一六一-一六二)であり、そこには「〔ヘーゲルと〕同一の基本思想が再び見出される」(UoA 169 一六二) とされる。『承認をめぐる闘争』と比べるなら、同書での立論の特徴は、近代社会の成り立ちを分析しうる歴史的社会理論に承認論を拡張することであった。とはいえ、その内実は『承認をめぐる闘争』で示された三つの承認形式がほぼそのまま三つの承認圏域に対応するシンプルなものであった[1]。

これに対し『自由の権利』では、規範的視角も方法論も社会分析も大幅に拡充される。ヘーゲルを現代的に継承するホネットの試みは、ほぼ十年を経て『自由の権利』に結実したと言える。そこで本稿では、承認論を規範的な社会理論として展開するというホネットの企図に留意して『自由の権利』の論旨を追いその骨子を示す。その後、従来の承認論との関係について若干の検討を加えたい。

1　規範的再構成と自由

(1) 規範的再構成

ホネットは、現在の政治哲学の問題点を提起することから議論を始めている。それは、規範的原理が社会の分析から切り離されている点である(RF 14)。政治哲学では、正義を判断する基準が社会のあり方から離れて定式化され、事後的に社会に適用されている。これに対し、ヘーゲルは『法哲学』において「社会の現実と道徳的理性の両方を一体のものにつなぎ合わせようとした」(RF 16)。近代社会の諸制度に既に体現されている「道徳的理性」を明らかにすること、つまり「社会理論のまったく新しい足場の上に正義論を打ち立てる」ことがヘーゲルの企図であった。ホネットは、この「正義論を社会分析として展開する」ことをみずからの課題とするのである。

この課題の追究にあたって、まずホネットはタルコット・パーソンズの考え方をふまえ、人々に広く受け入れられた一般的価値が社会を統合しているとし、その価値の現実化こそが当の社会における正義の原理であるとする（RF 20）[2]。そして、この一般的価値の実現に資しているかどうかという観点から社会の既存の制度などを分析し、それらの規範的はたらきを明らかにするとともに、制度などが一般的価値を「もっとよりよく、より完全に、あるいはより内容豊かに表すことができるのにそうではない」（RF 28）ことを批判的に考察しようとする[3]。このようにして正義論を社会分析として展開する方法をホネットは、「規範的再構成（normative Rekonstruktion）」と呼んでいる。

以上の構想の鍵となるのは、社会を規範的に統合し正義の基準となり規範的再構成を導いて批判の拠り所となるもの、すなわち社会で受容されている価値である。ホネットによれば、それは「自由（Freiheit）」にほかならない。

（2）三つの自由モデル

近代の様々な倫理的価値のなかで社会秩序に実際に影響を与え続けたのは、ただ一つ「個々人の自律という意味での自由」であるとホネットはいう（RF 35）。自由は近代の社会思想や社会運動の「あらゆる正義の考え方の規範的な礎石」をなしてきた。ただし、自由の具体的内容には多様な解釈があり、三つのモデルが区別される。

まず否定的自由（negative Freiheit）はトマス・ホッブズにさかのぼり、どんな願望や利害や意志であろうと目標の追求が外部から妨げられないことである（RF 44-7）。そのさい目標は何であってもよい。次に反省的自由（reflexive Freiheit）では、この不問に付される目標それ自体が自身の決定によるかどうか、そこに何らかの強制が潜んでいないかが焦点となり、目標に対する反省の結果、自由が得られる。この考え方の核心を最初に示したのはルソーであるが（RF 59）、その後二つに分かれる。一つはカントの自己立法のモデルで、主体が自分の意志で道徳法則を定めそれに従い行為するとき自由とされる。もう一つはヘルダーらの自己実現のモデルで、自身のパーソナリティの核心をなす「ほんもの」の意志などを発見し、それを明確に表現しそれに従い行為することが自由とされる。最後に社会的自由（soziale Freiheit）はヘーゲルに由来する。反省により得られた目標が実際に実現されるかが焦点となり（RF 83-4）、実現の条件が社会的に確保されることで自由は社会的になる。ただし、それは目標実現の資源などが社会的に用意されることではなく、他の主体との間に一定の関係が成立することを指す（RF 90-2）。ここでは、ある主体の目標実現が別の主体の目標実現のために必要となり、同じことがその別の主体にも当てはまる。各主体の目標は「相補的に実行されるときだけ達成されるという仕方で補い合」い、相互に促進し合い共同で実現し合う関係が成り立つ。各主体は自分の目標の実現を「社会的現実の内部で他者に望まれあるいは追求されるがゆえに、その限りでまったく強いられることなく、それゆえ『自由に』遂行されるもの」（RF 222）と経験しうる。

ホネットによれば、三つのモデルは各々、近代社会を構成する独自の行為圏域（Handlungssphäre）に具体化されている（RF 122-4）。つまり、自由の価値が単独で社会全体を規定し正義の基準となるのではなく、三つの自由解釈に対応してそれぞれの自由を可能にすることが各行為圏域の正義をなし、正義は複数の観点に分かれる。また、ホネットは否定的自由と反省的自由の意義を行為圏域の批判的検討を可能にする点にみる（RF 115-6）。二つの自由のもとでの「個人の異議申し立てと制度の現実」との間の「静止点」なき「らせん運動」を考えることができる。

2　法的自由と道徳的自由

ホネットによれば、自由の行使は承認規範により調整された一定の行為圏域に参加することを意味し、その行為圏域は三つの条件を満たす（RF 147-8）。第一に一定の相互作用が可能となり、第二に関与者は互いに一定の規範的地位を承認し合い、第三に関与者はその相互作用に関わるための能力などを発達させる。また、否定的自由と反省者が本来は直観的に熟知していたはずの自由の意味を適切に理解できなくなり歪みが生じることを指す（RF 157）。関与的自由に対応する圏域では社会病理が生じうることをホネットは批判的に指摘している。この社会病理とは、関与

（1）法的自由

否定的自由に対応する圏域は、近代法に規定される種々の主体的権利からもたらされ、そこに具体化される自由は「法的自由（rechtliche Freiheit）」と呼ばれる。この圏域では、本当の意図を隠すことができ、恣意的な意図が相手にあることを想定しつつ利害を戦略的に調整し合う、独自の相互作用が可能となる（RF 149-50）。主体たちは、互いの主体的権利を侵害しない限りあらゆる行為をなしうることを相互に承認し合う。この法的自由の核心をホネットは、外部のいかなる干渉からも守られた「個人の私的なものの圏域」が生み出されることにみる。主体的権利は個々人に「社会的な義務や結びつきの一切から退くことを可能にし、こうして解放されて自省することで自分の個人的な優先や価値志向をじっくり考え確立することを可能にする」（RF 147）。

ただし、そこには限界がある。というのは、この保護空間で他者との関係を再検討し他者と仮想的に会話しようとするなら、その他者は不透明な戦略的行為者としてではなく「ライフヒストリー上の個性と生彩さ」（RF 153）を持つ相互作用パートナーとしても現れる。また現実の社会で他者との結びつきのなかで人生目標を追求するなら、純然たる法的自由の立場にとどまるわけにはいかない。自分の言動の根拠付けを他者から求められたとき法的自由を盾にそれを簡単に拒否するわけにはいかず、他者を戦略的に働きかける対象とだけ見て協同のパートナーと捉えないなら、人生目標を達成することは難しい。それゆえ、法的自由の意義は「一種の一時的な例外状態」を認めることにある（RF 155）。既存の社会的結びつきを中断し再検討し、必要ならそれを終わらせる可能性が保証される。

その一方で、この意義を誤解することから社会病理が生じうる。二つのタイプがあるが、どちらも法的自由の「一時的な例外状態」が常態化する。一つは、コンフリクト時に自分や関与者の意図や行為を「法的な利用可能性」の

視点からのみ捉え戦略的に振る舞うことが「生き方の一つのスタイル」（RF 166）となり、「法には表現できない利益や意図を感知する力」（RF 163）を失い、コミュニケーション行為による調停のポテンシャルが忘れ去られることである。もう一つは、「コミュニケーションにかかわる難しい要求の一切を先延ばしし遮断すること」（RF 169）がパーソナリティの模範となることである。自分を縛り相応する義務を自分に課す決定のすべてを先延ばしし、何ごとも決めず自分の意志を持たない「優柔不断や単なるなりゆきまかせと言いうるような性格上の編成」が生じる。

（2）道徳的自由

反省的自由には二つのモデルがあるが、ホネットが依拠するのはカントである。そこでは自由は道徳法則に従って行為することとされたが、この道徳的自律と結びついた自由をホネットは「道徳的自由（moralische Freiheit）」と呼ぶ。カントの理念では、自由は根拠ある自身の決定により行動する場合であり、その根拠は他のすべての人々が同意可能、つまり一般化可能でなければならない（RF 177）。カントの思想は文芸作品や政治運動を通じて生活世界に浸透し文化的な影響を与えた。まず「カントの自律思想は、不当な社会状況に対する道徳的抵抗の解放的動機をも解き放った」（RF 178）。すべての当事者の同意という基準から既存の社会状況を批判できることが道徳的自由の一側面である。また、自分の意志で一般化可能な根拠を指針とする点に関し道徳的自由のもう一つの側面は、コンフリクト時に一般化可能性の観点からどう行為すべきかを決定し解決をはかることにある（RF 189）。この道徳的自由は「文化的な指針モデルという弱く制度化された形式」（RF 174）で近代社会に制度化されている。とはいえ、その圏域は法に直接に規制されない生活領域すべてを包含し、道徳的自由は「一般的に共有された知識という様式」ですべての人々に関係する（RF 191-2）。日々のコンフリクトを法によらず理性的に解決しようとするとき、道徳的自由が行使されうる。道徳的自由の圏域も承認規範に基づき、「理性的に判断を見出そうとしていることを互いに想定しながら出会い、それゆえ道徳的に態度表明する機会を互いに認め合う相互作用類型」（RF 193）が生み出される。自分が「正しい」とみなす原則に従い行為でき、行為の根拠を説明する用意があり、他者のパースペクティブを取得し一般化可能性の観点から判断できる、そうした存在として主体たちは承認し合う。

ただし、一般化可能性の観点に立つとしても限界がある。現に自分を縛る規範などを相対化し、自己利害を優先せずすべての当事者を不偏不党に考慮して一般化可能なコンフリクト解決を見出す、その意味で「脱中心化」（RF 209）がなされるが、しかし他者と結ぶ社会関係などを放棄するわけではない。求められるのは、脱中心化のうえであらためて既存の社会関係のなかでコンフリクトに正しく対処することであり、「制度的事実」である社会関係などのすべてを破棄することはできない。それゆえ、道徳的自由の意義は既存の生活世界に反省的に距離を取ることにあり、法的自由と同じく「中断する性格、先延ばしする性格」（RF 205）を持つ。ただし、道徳的自由は、一般化可能性の観点からコンフリクトの解決をはかり「既存の社会の転換に寄与することができる」。

その一方で、この意義が誤って解釈されることで社会病理が生じうる。二つのタイプがあるが、どちらも一般化可能性の観点のみに従い既存の制度的事実が無視される。一つは個人が厳格な道徳主義の立場に囚われる場合であり、自分をとりまく社会関係の一切を無視し普遍的に妥当する道徳のみに従おうとする（RF 207-9）。もう一つは政治変革を求める社会集団のケースである。そこでは、すべての当事者の同意の如何という観点から社会の不正が批判されるが、そのさい既存の規範などのすべてに道徳的問題があると捉えられる。その結果、社会の不正をただすためにはどんな手段も正当とみなされ「道徳的に基礎付けられたテロリズム」（RF 215）が生じる。

3　社会的自由

社会的自由の圏域も承認規範に基づくが、そのあり方は他の圏域と異なる（RF 223-5）。法的自由と道徳的自由の圏域では、規範的地位の承認に伴い一定の「配慮」を受けることで、既存の規範などの拒否と反省的な問い直しが主体に可能となる。しかし、それは主体の目標実現そのものではない。これに対し、社会的自由の圏域で承認に伴い期待できる配慮は、各自の目標実現を可能にする行動それ自体である。主体たちは、相手の目標実現に資する行動をもたらし合い互いに補完し合う。ただし、その行動が望まないかたちで強要されるなら、それは社会的自由をもたらしはしないとホネットはみる（RF 226）。法的自由と道徳的自由が確保され、当の行動の拒否と問い直しが保証されたうえで望んで引き受けられるとき社会的自由が成立する。

近代社会で社会的自由が可能となる圏域は、パーソナルな関係、市場経済的行為、民主的意志形成の三つに区別され、それらの違いは実現しうる目標の違いにある。「パーソナルな関係の圏域では個人の欲求と特性、経済市場の圏域では個々人のそれぞれに特殊な利害と能力、最後に政治的公共圏の圏域では自己決定の個人的意図が、社会的形態をとり相互主体的に実現することになる」（RF 233）。ただし、社会的自由を困難にする逸脱現象もみられ、それは「誤った発展（Fehlenentwicklung）」と呼ばれる（RF 230）。ホネットは近代の西欧社会を対象に各圏域の歴史的変化を詳細に追跡しているが、本稿では各圏域の現在に関する議論に焦点を絞る。

（1）パーソナルな関係の圏域

パーソナルな関係は友人関係、親密な関係、家族関係の三つに区別される。まず友人関係は、近年、社会階層やジェンダーや民族などの相違を越え形成されるようになった。その社会的自由をホネットは、自分の感情などの表現が相手から求められ、何の強制も不安もなく信頼して自己を表現できる点にみる。「自己を表現することが望まれると同時に大事にされるというこの経験こそが、友人関係を社会的自由のすみかたらしめているものである」（RF 249）。

親密な関係は、セクシュアルな欲求と相互の好意とにのみ基づく関係として近年、「民主化」された（RF 253）。社会階層などに関係なく可能となり、性的志向が何であれ成立し、法律上の婚姻関係や子どもを持つことからは独立した一つの形式となった。その固有の社会的自由をホネットは時間構造とセクシュアリティにみる。ここでは、たとえ相手の特性が変化しても相手を支えることが約束される（RF 262）。この約束が実際に果たされるかどうかは分からないが、将来ともにしうる歴史が現時点で先取りされ、関係は強固になる。また「セクシュアルな親密性の経験や肉体的に結ばれていることの経験こそ、愛し合う者たちの間に、社会的自由の遂行形式である強制のない相互性というものの基盤をもたらす」（RF 269）。肉体的な欲求を相互に満たし合うことで「自身の自然なもの」が解放される。その一方で、親密な関係には衰弱の傾向がみられる。資本主義市場の変化のもと職業上の要求が増大し「相手との比較的長期の結びつきにとって必要な性向が主体から奪い取られている」（RF 276）。

家族関係は、二者関係に子どもが加わった三者関係をなすが（RF 278）、この二者（親）が法律婚かどうか異性愛かどうか、子どもが二者の生物学的子どもかどうかはここでの考察には関係しない。現在の家族関係の特質をホネットは、より平等になったこと（RF 284）と寿命の伸びに伴い長期化したこと（RF 292）にみる。この変化を背景に家族メンバーは今日、慈しみやケアを互いに期待できる平等な相互作用パートナーとして相対している。そのさい相手への関与の仕方は固定されず、そのつどの状況や各人の能力や必要などに応じ変化し、そのため互いのコミュニケーションと了解がいっそう求められ、また感情的結びつきの如何が関与を決定付けている。さらにホネットは、家族関係の長期化による特有の社会的自由を二つ指摘する。まず親子は互いに相手に自分の過去や未来の姿を見出し人生の周期性とままならなさを理解するが、遊戯的相互作用のなかでそれを一時的に解消できる（RF 306-7）。親は子と遊ぶなかで子の発達段階に戻り、子は親とのやりとりのなかで親の人生段階に近づき、生物学的現実からのこの解放が一つの社会的自由である。もう一つは家族メンバーの役目の逆転に関わる。子は親からケアを受け成長するが、親が衰えると親のいわば親となりケアをする。親が子になり子が親になる循環において「私たちの人生は家族の円環のなかでその出発点に帰り、それゆえ調和のとれた終わりを迎えることができるというフィクション」（RF 310）が生まれる。この「癒しと慰め」のフィクションに孤独と死の恐れを軽減する解放の契機がある。ただし、それらの社会的自由が広く可能となるためには、相応する社会経済的環境が必要である（RF 310）。たとえば家族との十分な時間や安定した雇用関係などであるが、現在の社会政策などは社会的自由の保証には不十分であるという。

（2）市場経済的行為の圏域

一見して資本主義市場の参加者は法的自由のもと戦略的に自己利害を追求しており、社会的自由における目標実現の相補性や協同の行動は見出しがたい。この点で、ホネットは「規範的機能主義」を提起し、市場がその参加者から正当とみなされる基準に社会的自由を位置づける（RF 348-9）。市場が正当であるためには、利害追求が特有の仕方で結びつき各自の目標の相補的な実現が可能でなければならない。このとき市場参加者は「協同的共同体」のメンバーとして承認し合うはずである。こうして社会的自由は市場に対する規範的要求と捉えられるが、単なる理念ではなく、その現実化が歴史的に取り組まれてきた。それゆえ、規範的再構成では「社会的自由の原理が社会運動と道徳的プロテストと政治改革の圧力のもと徐々に現実化するに至った小さな道」（RF 358）を発掘せねばならない。そのさいホネットは、社会的自由に寄与する仕組みとして「討議のメカニズム」と「法的改革」を挙げる。前者は市場参加者の協議と交渉の仕組みであり「相互のパースペクティブの取得を強い、そのパースペクティブの取得が相手のなかに競争相手ではなく協同のパートナーを認識させる」（RF 353）。後者は、市場の力関係の不均衡とそのもとでの強制を防ぐ規制のことである。ホネットはこの圏域を消費と労働市場の二つに分け考察する。

消費の圏域は「規範的に高度に敏感な圏域」とされ、歴史上次の四点が規範的に問われてきた（RF 382-4）。第一に商品として供給されてよいのはどんな物やサービスか。第二に衣食住などの基本的商品の価格形成は市場競争に委ねられてはならないこと。第三に市場で充足される欲求はどこまで奢侈的・私事本位的であってよいか。第四に財の購入と消費はどのような仕方で行われるべきか。ホネットはこれらの問いかけは共通して、「消費者と生産者の両方の側がそれに基づき互いに助け合ってそれぞれ自分の利害を現実化させ合う」（RF 384-5）、社会的自由の場となるよう市場を整備することを求めていたという。その取り組みは近年では六〇年代以降に強まった（RF 390-6）。学生運動は私事本位的な消費主義への批判を伴い、その後の市民運動はエコロジーの観点からも規制を求め、消費者保護も進んだ。今日では消費行動の「倫理化」の傾向もみられる（RF 397-8）。消費者は商品購入時にエコロジーや社会道徳を重視し、企業もそれに対応しようとし、「消費者と企業の間の相互性の強化」が生まれているとも言える。しかし、上述の消費行動をとるのは一部であり、三つの消費者集団が分裂している（RF 401）。一つは道徳的観点を重視する集団だが、さらに、生活必需品の獲得すら困難な人々が存在し、また顕示的消費にいそしむ富裕層がみられる。ここにはパースペクティブの相互取得を可能にして各々の利害を検討し合う「討議のメカニズム」がなく、自分たちの利害を一般化しその考慮を企業に求めることもできない。他方、企業の権力は増大している（RF 402-4）。企業は対応する商品を展開して消費者を操作し、その広告宣伝技術は個人のアイデンティティをも支配する。消費者は企業の権力に無防備にさらされ、極端な力の不均衡がある。こうした状態をホネットは「誤った発展」とし、現在の消費圏域には社会的自由を可能にする制度的条件がすべて欠けていると結論付ける（RF 408）。

労働市場の圏域に関しホネットは、九〇年代以前は社会的自由につながる試みが少しずつ成果を上げてきたとみる（RF 463-4）。社会権が確立され社会政策が整うなかで労働者の貧困は改善された。ライン生産の単純労働に対し「人間にふさわしい」労働を求める闘争が生まれ「単調で心身を消耗させる労働の屈辱的な形式」は除去すべきとの認識が広がる。「組織資本主義」のもと経営への労働組合の共同決定権が拡張され、労働者の経営参加が「企業家の価値増殖利害の制御をもたらし、それにより市場を協同的に囲い込むことになる」との確信が広がる。機会均等の教育改革により社会移動の可能性が増し、公正な労働市場の見通しが開かれた（RF 448-9）。こうして人々は、労働市場が「強制のない相互性のなかで自分の利害を充足する可能性を私たちに共同で開く社会的装置」、つまり社会的自由をもたらす仕組みでなければならないとの規範的確信を共有していた（RF 464-5）。しかし、九〇年代以降これら「社会的自由を確立していく途上の重要な中間ステップ」（RF 454）が取り消されていく。国家は規制緩和を進め、企業はコスト削減に励み、労働組合は経営への共同決定の役割を失う。これに伴い実質賃金の減少、非正規労働などの雇用関係の「プレカリアート化」、構造的不安定性が増し、労働者には高い業績要求の内面化が求められる。この状態を大部分の労働者は「正しくない」とみなすが、集合的抵抗はあまりなく、声を上げることのない「抵抗の個人化」が生じている（RF 459）。ホネットはとくに、職業上の成功も失敗もひたすら一人で責任を負う責任帰属の強力な個人化が集合的抵抗を妨げているとする。こうして労働市場の捉え方それ自体が変化し、労働市場はその参加者に、社会的自由の圏域ではなく「自分の利益をできるだけ抜け目なく最大化することをめぐる競争の機関」（RF 465）と把握されている。結論として労働市場の圏域も現在「誤った発展」のもとにある。

（3）民主的意志形成の圏域

民主的意志形成の圏域は、民主的公共圏と民主的法治国家に分けて考察される。まず民主的公共圏に関し、ホネットは七〇年代までの二〇〇年の歴史を再構成し社会的自由の条件をさしあたり五点に整理する。第一に政治的権利の法的保証である（RF 539）。選挙権や集会・結社の権利などの獲得は「社会的自由の第三の圏域」が開かれたことを意味する。そのもとで公民たちは、政治的原則に関し強制なく考えを示し討議し「一般的意志」を形成し、そしてその実現をはかることで自分たちの共同体を協同でよりよくすることができる。第二に様々な集団がともに議論に参加しうる一般的なコミュニケーション空間であり（RF 540）、国民国家とともに生まれた。すべての公民が同権で国民国家を構成するという考え方のもと、内部の差異を超えて全住民を公共圏は包括する。第三に空間的隔たりを架橋し情報流通を促進するマスメディアの高度に分化したシステムである（RF 541）。新聞や雑誌、ラジオやテレビなどのマスメディアは、精確に情報を提供し公民の探究と意見形成を支えねばならない。第四に公共圏の「物質的な媒介活動」に関与しようとする人々の構えである（RF 543）。集会の場所の確保やデモの実行、チラシの制作や資料の印刷など、自発的で協同的な「政治的手仕事の作業」は活気ある公共圏に不可欠である。第五に政治文化である（RF 544-5）。他の圏域と違い、この圏域では「私たちは最初に、関与する決心を固めなければならない」（RF 516-7）。政治参加への動機付けは一定の連帯感情に基づき、この連帯感情を供給する政治文化が必要となる。

以上の条件を示したうえでホネットは、八〇年代以降の公共圏の変化を「権力集中と階層化の増大」と「開放と活性化の強化」の交差と捉える（RF 554）。一方ではマスメディアの権力が増大し、メディアが作り出した社会イメージが社会の現実それ自体から乖離する（RF 551）。諸メディアは関心を引くため同じ内容を相互に強化し合い、誇張された不十分な情報提供のもと「現実」が自己言及的に構築され「偽世界」が生み出される。同時に階層化が進み、国民国家の公共圏は円錐形をなしている（RF 558-9）。上層では高等教育を受け高い社会関心を持つ階層が比較的良質のメディアから情報を獲得しメディアに主体的に働きかける。その下には下層市場が広がり、受け手の受動的な気晴らしに向けた利益志向の娯楽ジャーナリズムが蔓延し、また底辺の移民たちは言語や文化の知識を十分持たず必要な情報を得られない。こうして多くの人々が公共圏の熟議的な意志形成から排除されつつある。

他方で、国境を越えた情報流通も拡大し国民国家の公共圏は「外部からこじ開けられ穴だらけにされる」（RF 559）。その大きな要素がインターネットであり、脱ローカル化された多様なネット公共圏が全世界に存在する。国家間の相互依存が増し政治的決定に影響を受ける範囲は国家の枠を越え、それゆえトランスナショナルな公共圏が求められる。インターネットは、国民国家の公共圏を横断しトランスナショナルな意志形成の「強力なモーター」である。ただし、ネット公共圏では従来の公共圏での「合理性要求」、つまり個々の意見に十分な根拠があり他者に受け入れられるかの吟味とコントロールが失われがちである（RF 561-2）。また、インターネットの強い「遠心力」は、国民国家の公共圏が抱える問題を先鋭化する（RF 565）。公共圏の階層化と分断の抑止に必要な連帯感情と政治文化が、インターネットにより弱体化しうる。結果として、トランスナショナルな公共圏は上層のエリート層に担われ下層の人々の頭ごなしに発展し、社会的自由の階層間格差がいっそう拡大する。

次に民主的法治国家は、公共圏の社会的自由の第六の条件である（RF 567）。法治国家は、公民の意志形成を前提すると同時にそれを守らねばならず、その成果を実行しなければならない。ただし、実際の法治国家には不当な権力行使がみられ、三つの「目的外使用」が類別される（RF 572-4）。第一に公共圏を保護し拡張する任務を不完全ないし一部の利害のためにしか果たさない。第二に公共圏の意志形成の成果を一面的ないし党派的にしか実行しない。第三に国家が公共圏を抑圧することである。

ホネットによれば、二〇世紀以降の法治国家は大きく二つの問題を抱えてきた。一つは国家の中立性の問題である。法治国家は一部の利害を優遇することなく不偏不党に中立的に行動すべきとされてきた（RF 596）。しかし八〇年代以降、財政危機を背景に社会政策が削減され、また従来のコーポラティズムにロビイングがとって代わり政治決定は経済団体などとの秘密の取り決めで進められ立法機関が形骸化する（RF 606）。こうして近年、国家が民主的意志形成から遊離し中立性の原則に反しているとの不信が広がり、「民主的自己立法の社会的自由」を国家機関が妨げているとの「幻滅させられた認識」（RF 608）が生じている。打開策は社会運動や市民的アソシエーションの「公的権力」の結集だが、「多く声の混じり合った」対抗権力の形成に必要な政治文化が枯渇しつつあるとホネットはみる。二つ目は、ナショナリズムと共和主義的普遍主義の間の緊張である。民主主義の理念では政治的文化的信念にかかわらずすべての公民による自己立法が国家の正当性の基盤であり、そのことは狭隘なナショナリズムと相容れない（RF 593）。とくに移民の増加により多様な文化が定着し、公民の統合は旧来の「国民アイデンティティ」では困難になる。また欧州連合の形成はこの緊張を先鋭化する（RF 609-11）。トランスナショナルな共同体の民主的意志形成は全加盟国の公民によって行われねばならず、そのために政治的権利や社会権も含め権利の統一や連帯を支える政治文化が必要である。しかし、自由な経済活動のための自由権が優先され、それは資本主義経済の利害の重視であり、法治国家の中立性の問題がここに結びついている。

（4）政治文化

最後に、三つの圏域の関係と政治文化に関するホネットの見地を取り上げる。従来の見方からすると、民主的意志形成の圏域が他の圏域に優先すると言える。前者の圏域での意志形成に基づき必要な法的規制が可能になるからである。しかし、パーソナルな関係と市場経済的行為の圏域の改善はこれまで、法ではなく社会闘争とそれによる人々の行動変化から生まれてきたとホネットはいう（RF 613-4）。また民主的意志形成の圏域の社会的自由は、他の圏域での社会的自由を前提とする（RF 473）。平等になった家族は熟議に必要な能力を身につける場であり、強制のない意見表明のためには社会政策的措置が必要であり、それは労働市場の社会的自由につながる。そのうえで、民主的意志形成の圏域が上位となるのは二つの理由による（RF 616-8）。第一にこの圏域は他の圏域で獲得された変化に法的保証を与えうるからであり、第二にこの圏域だけが第一次的に「反省的な自己テーマ化の場」だからである。反省性は他の圏域内では二次的なものだが、民主的意志形成の圏域の社会的自由は討議による論拠の交換それ自体である。反省性のこの制度化ゆえに、他の圏域で「支配に起因する遮断や誤った発展に基づき」議論されないことでもこの圏域ではテーマにできるし、テーマにすべきである。

しかし、民主的意志形成の圏域は、上述のように連帯を支える政治文化の弱体化に直面している。この問題に関しホネットは西欧社会に限定してだが、規範的に再構成したヨーロッパの歴史それ自体に答えを見出そうとする（RF 622-4）。社会的自由を求める闘争は、当初から国境を越えて結びつき相互に影響を与えてきた。それゆえ、ヨーロッパにはこの闘争の歴史の「集合的記憶」と「歴史物語」がある。これに基づき西欧の人々は「相互の支援を義務付けられた運命共同体のメンバーとして自分たちを理解できるかもしれない」（RF 612）。

4　承認と自由

以上、本稿では『自由の権利』の論旨を追ってきた。最後に『自由の権利』と従来の承認論の関連について若干の検討を加えたい。焦点はホネット社会思想の鍵である承認の位置づけである。『承認をめぐる闘争』では愛、法権利、連帯の三つの承認形式が区別されたが、『自由の権利』はこの区別に合致しない。社会的自由の三つの圏域も、パーソナルな関係が愛に対応するとしても、消費圏域は連帯とは言い難いし、民主的意志形成の圏域も法権利には尽きない。また法的自由と道徳的自由の圏域も承認に基づくが、後者は三つの承認形式のどれとも異なる。

むしろ『自由の権利』は、この間のホネットによる承認概念の捉え直しに基づいている(4)。承認は個人や集団の特性の肯定であるとともに、単なるシンボル的表現にとどまらず、相応する行動や態度を伴うものである。それは相互作用を調整する一般的メカニズムであり、三形式に限定されない。この考え方に基づき『自由の権利』では、規範的地位の承認に伴う「配慮」、つまり相応の行動や態度がよせられることで主体の自由が可能になるとされる。社会的自由の場合、承認に伴う「配慮」は相手の目標実現に資する行動それ自体である。また社会批判の焦点も、承認だけでなく、承認により可能となる自由の如何にある。換言すれば、承認があってもそこに存する問題が明らかにされる。法的自由と道徳的自由では一定の承認のもと自由が可能になるが、その自由の誤った解釈と行使が病理と分析された。労働市場の圏域では社会的自由の場ではなくなることが「誤った発展」とされたが、法的自由に関わる承認は成立している。承認の成否のみならず、承認のもとに何が生まれているかが問われている。

もちろん、承認は自由の基盤であり、したがって承認の獲得とそれをめぐる闘争も社会分析の焦点であることは変わらない。ただ、承認を原理的に捉え直したことで、従来の承認圏域の議論を拡張し、より多元的で複合的な社会分析と社会批判が可能になった。実際、ホネットがここまで精彩な現代社会像を提示したのは初めてであろう。

それは自由を促進ないし困難にする社会的諸要因を近代の歴史をたどり発掘する試みであり、現代社会の実に広大な領域と多様なテーマとをカバーするきわめて野心的な取り組みであると言えよう。(5)

注

(1) 水上英徳「再分配をめぐる闘争と承認をめぐる闘争」『社会学研究』第七六号、東北社会学研究会、二〇〇四年を参照。

(2) ここでホネットは、現時点での社会における価値が過去のそれより規範的に優れているという「歴史目的論」の立場をとっている。この見地は以前から「進歩」の概念で示されていた。水上英徳「アクセル・ホネットにおける承認の行為論」『大分県立芸術文化短期大学研究紀要』第四六巻、二〇〇八年を参照。

(3) 社会に内在する価値が当の社会の批判の基準という考え方は承認原理の「過剰な妥当」という従来の議論と共通する。上掲、水上英徳「再分配をめぐる闘争と承認をめぐる闘争」を参照。

(4) 上掲、水上英徳「アクセル・ホネットにおける承認の行為論」を参照。

(5) 本稿では立ち入ることができなかったが、ホネットが提起する法的自由、道徳的自由、社会的自由の考え方やそれらが可能となる行為圏域の規範的再構成については、より詳細な吟味と批判的検討が必要である。この点は別稿を期したい。

第11章 ホネットにおける「社会的自由」と新自由主義批判
――『自由の権利』と『社会主義の理念』を中心に――

日暮雅夫

はじめに

「フランクフルト学派第三世代」の代表者A・ホネットは、J・ハーバーマスとは区別される、実質的内容のある間主体性理論を追求してきた。それが積極論として最初に現れたのが、『承認をめぐる闘争』における、個人の自己実現の規範的条件を探求する形式的人間学から出発する承認論であった。この人間学は、愛・法・連帯の三枝的な承認関係から構想されていた。ホネットは二〇〇〇年前後におけるフレイザーとの論争『再配分か承認か?』以降、形式的人間学的方法からいったん離れ、歴史・社会において可変的な承認の変化を記述する歴史的・コンテクスト的記述方法を取っていった。この後者の方法は、ことに第二の主著と言われる『自由の権利』に顕著に見られるものである。そこでは、強いヘーゲル主義の影響のもとに、承認論が、歴史的制度において展開する「社会的自由」論として展開されている。二〇一五年の『社会主義の理念』は、「社会的自由」をさらに規範的に別様な社会秩序の構想へと未来に向かって開こうとするものである。

本章はホネットのこの社会的自由と、新自由主義的労働への批判との関連を取り上げたい。ホネットは、ハーバーマスの理論が経済的生産と政治的行政の具体的組織に対する批判を断念したことを批判し（KM 334 三八三）、両者を自らの社会理論の中に組み込む努力を行ってきた。ハーバーマスが『事実性と妥当性』においてコミュニケーション的理論から政治的意思形成の領域への通路を示したのに対し、ホネットは承認論を、ことに経済的領域、労働の領域へ架橋しようとしてきた。なぜなら、批判理論が労働の領域から撤退するならば、それは民衆の苦境を取り上げえないことを意味していたからである（IW 79 八六）。その際、ホネットにとって難問となったのが、新自由主義的な労働の形態である。というのも、これらの労働の形態は人々に不正であると感じられているにもかかわらず、公的な反抗の形態をとらず「承認をめぐる闘争」を発動せず規範的再構成に至ることができないからである。

本章では第一節において、ホネットの『自由の権利』における社会的自由の概念を明らかにし、その観点から新自由主義批判を取り上げる。第二節では、『社会主義の理念』における社会的自由の規範的意味を解明し、その展開としてホネットの社会主義論を検討する。

1　『自由の権利』における社会的自由と新自由主義批判

（1）『自由の権利』における社会的自由の概念

ホネットによれば、「社会的自由」とは、人間がその個人的自由を他者との相互関係――他者の欲求を理解し肯定し、強制なく、相互に協力しあう関係――においてのみ実現することである（IS 52 四七–八）。『自由の権利』においては、この社会的自由の理念が、歴史的に展開する社会制度のなかで実現するものと捉えられる。ここでは、『自由の権利』における社会的自由の特徴を次の四点に整理してみよう。

第一に、社会的自由は、個体的自由が発展する際の第三のモデルであり、それに先立つ「否定的自由」モデルと「反省的自由」モデルとを総合するものである。「否定的自由」は、諸個人が自立しつつ私的な利害を追求する社会契約論的モデルである（RF 44-57）。「反省的自由」は、諸個人が普遍的・共同的なルールを見出しそれに従う自律的な自由を意味する、カント主義的・討議理論的モデルである（RF 58-80）。第三の社会的自由モデルにおいてはじめて、諸主体は他者と実際に目的を共有するに至り、それを社会的現実のなかで実現しうるものとして捉えられる（RF 81-2）。

第一に、社会的自由は間主体的自由であり、相互承認によって展開される（RF 85-7）。諸主体は、否定的自由の段階では、それぞれの私的利害を追求しており、他者とは無関係か葛藤に陥らざるをえないと捉えられる。反省的自由モデルにおいては、各主体がそれぞれその内面においてその目的を定立するが、それが他者と一致して実現できる保証はない。諸主体が自分の目的を相手となる他者のうちに見出すこと、つまり共同の目的を持つことが相互承認であり、社会的自由は相互承認によって展開される。

第三に、社会的自由は、相互承認を具体化する社会制度によって実現される（RF 86）。諸個人が相互承認にもたらす目的は、社会制度の個々の形態のなかで共有され実現されると考えられる。「……諸制度はここではまた、個体的自由の外的条件や補完ではなくその内的な媒体である」（RF 100）。このような社会制度には、法・政治・経済のような客観的なもののほかに、ルーティンやハビトゥスも含まれる。

第四に、社会的自由は規範的に再構成されるものである（RF 28）。もし諸個人が現存する社会制度のなかに自分を見出すだけであるならば、社会的自由論はひたすら保守的な社会観になってしまうだろう。諸個人は、規範的再構成において、社会制度における合理的なものを抽出し非合理なものを批判し、歴史的所与の状況から理想にもっとも近似した要素を集めて新しく規範を刷新し実現する。それは、諸個人が既存の社会制度を批判する社会闘争の中で新しい合意を作ることによって行われ、この合意の実現が新しい社会制度を形成する。(1)

（2）『自由の権利』における新自由主義批判

ホネットは、『自由の権利』の「6、社会的自由、6．2．3労働市場」において、労働の形態に関する社会的自由の規範的再構成を試みる。ホネットは、戦後ヨーロッパにおける資本主義の発展とその後の新自由主義の浸透を以下のように整理する。

そこでは「社会的平等主義」（RF 443）が進展し、私的資本主義的形態が興隆しつつも国家が経済セクターに介入し労働市場の規制が行われた。そのなかで、最低賃金、失業手当、組合の経営に対する共同発言権、他律的労働のあり方を批判する「労働世界の人間化」（RF 446-7）が進展した。それらは、社会的自由における政治的経済的獲得物であるとされる（RF 454）。

ホネットはロベール・カステルを参照しつつ、七〇年代半ばに「労働市場の分割」（RF 451）が行われたときに新自由主義に繋がる労働市場の変貌の萌芽が見られたとする。それは、生産セクターにおいてもサービス部門においても、①技術的に高度な、集約的な資格を持っている保護された層と、②他律的で単に職業訓練されただけの営業活動を行う幅広い保護されていない層との「垂直な分断ライン」（RF 452）が生じ、「『プロレタリアート』の完全な新構成」（RF 453）が始まることを意味している。

九〇年代に入ると、当初は維持されていた社会的自由における政治経済的な獲得物が、進展する新自由主義によって取り消されるに至る。グローバリゼーションの圧力のもとで、経営を、減税措置と財政市場の要求によって第一に資本獲得の追及に駆り立てる変化が生じる。大投資家が登場し小投資家を周縁化するに至り、株主の企業に対する影響力が増大する。多くの企業は、賃金や経営の節約を目的として労働者の負担のもとに経営上の構造改革を企てるに至る（RF 454-5）。[2] このような新自由主義の政治的経済的変化は、D・ハーヴェイの規定と大きく異なるものではない。[3] しかし、ホネットによれば、新自由主義の概念が十全に展開されるのは、「財政市場に特化した命令と資本市場に特化した命令とが漸次的に自動化すること」（RF 455）であり、それらの命令が次第に労働市場だけでなく隣接する社会領域にも影響をもたらすことによってである。つまり、新自由主義とは、第一に利潤獲得する要求が漸次的に追求されることであるが、第二にこの利潤獲得の命令が他領域――個人的親密圏や政治的公共圏――にも影響を与えることなのである。[4]

ホネットは、新自由主義による労働の変容の意味を承認論の側から解き明かしていく。以下、それを四点にわたって分析してみよう。

① 承認の喪失

低賃金雇用の拡大は、賃金の連続的収縮を引き起こす。「……労働市場がますます規制緩和されて、パートタイム、有期労働、インターンシップがますます通常のものとなり、この従業形態の賃金は最低生存レベルより下なので、国家の福祉支出によって補足されねばならない」（RF 456）。ホネットは、賃金レベルは、労働によって与えられる社会的価値評価の基準のシンボル的表現であると考える。つまり、賃金は、ある活動がどの程度の価値評価を類型的に受けているかをある時点で決定する「社会的文化的配置（*Despositiv*）の制度的表現」（AU 149）なのである。したがって、新自由主義における労働の非正規化による収入の減少は、「集合的に経験される承認喪失の徴」（RF 456-7）と考えられる。諸個人は、少なくとも、この承認の社会的価値評価のレベルでは満足を得ることが難しく、自己価値感情を得ることができない。ホネットによれば、新自由主義によるこの労働市場の展開――実質賃金の収縮、雇用の非正規化、それにともなう不十分な社会的評価、社会的分業への協働的な関係づけの喪失――は、労働者によって「不正」、「誤った方向への発展」（RF 458）と見なされざるをえない。

② 反抗の個人化と公的な反逆の喪失

ホネットによれば、社会的労働の領域におけるこのような過酷な状況にもかかわらず、労働者による目立った集団的抵抗は生起してこなかった。「労働市場の社会的な生活の実際のうちで『拒否すること（Negationen）』として示されるものはすべて、こんにちではむしろ、本来声なき、しばしば個人化された回避戦略の性格を持っており、それらには公共的に自らを表現する力が欠けているように見える」（RF 459）。抵抗がこのように個人によって分断され沈黙させられ、公共的に表現されないことは、先進資本主義諸国ではほとんど日常的なものとなったという。ホネットは、実例として、フランス・テレコムにおける自殺を挙げている（RF 459）。

ホネットは、この抵抗の公的不在化の原因を解明するために、フリーデリケ・バールとフィリップ・シュタープの考察を参照する（RF 460）。彼らの考察によれば、抵抗が極私化し公共的反抗が不在化する傾向は、労働者がこんにち非正規労働、低賃金、サービス業の増加する「規制緩和」にさらされていることによる。つまり、解雇されるという不安が労働者が集団的抵抗を形成するのを困難にしているという。しかし、ホネットによれば、この論拠では十分ではない。

③個人化された責任

ホネットが社会闘争の鎮静化の真の原因と見なすのは、新自由主義下の諸個人が自分の職業運命に対して自分一人で責任を負わねばならないと考えていることである。「……自分の職業運命に対して一人で責任を持つという感情のなかに、おそらく、現在、社会的労働の領域における保証すべてがなくなることや規制緩和に伴う、重苦しい言葉を発しないこと（Sprachlosigkeit）に対する鍵があるのかもしれない」（RF 462）。ここに見られるのは、「自分の就業人生における生計と成果とはただ自分の努力にのみよっているという考え」（RF 462）という「自己責任論」の思考法である。

九〇年代に市場媒介的な競争の効率への信念が、福祉的サービスや教育部門などの多くの多領域へと転用され、市場の文化的解釈を変換し全社会領域に影響を与えていく（RF 466, 468）。市場の捉え方の変化に伴って、個人の責任の捉え方も変化し、そもそも諸個人の裁量範囲外のものも諸個人の責任に転嫁されることになる。これらのことが、社会のなかで公的な対抗運動がおこなわれず、道徳的な不快感をただ私的にだけ表現することをもたらしている。

ここでは、諸個人は、そのすべての生活や経済的成功が、ただその個人の競争する能力のみによっていることを受け入れなくてはならない。諸個人に残されているのは、「各々が自分の営業運命に対してひたすら責任を持つことを空虚な冷笑主義によって示唆する、全面的な自己活性化のプログラム」（RF 469）を受け入れることだけである。この自己活性化のプログラムは、市場原理を内面化しそれに基づいて自分を統御するような「労働起業家（Arbeitkraftunternehmer）」（IiW 126 一三六）を形成する。

④ イデオロギーとしての「労働起業家」

論文「イデオロギーとしての承認」は、労働者と起業家とを結合した「労働起業家」を新自由主義的なイデオロギーとして論じている。「次のようにして自己実現要求の高まりに労働の分野で応えようというわけである。すなわち、垂直的な位階制をできるだけフラット化し、チームの自律性を高め、自分で働き方を調整する自由を大幅に認めることで、仕事において習得した能力を自律的に発揮していると受け止めてもらえる可能性を高めることである」（IiW 126 一三六–七）。

ここでは諸個人は、自らの能力を自律的能動的に発揮する者であり、いかなる転職も自分の労働の価値を考慮して自己決定した結果として捉えられる。したがって自分の職歴も「自分のあらゆる能力を自律的に発揮するリスクに満ちた大胆な企て」（IiW 127 一三七）として計画されたものと考えられる。

ホネットは、このような、今まで経営者のみに認められていた自律的で創造的で柔軟な働き方を、被雇用者にも求めた労働起業家という形態が現実にありうるだろうか、と問う。ホネットはここで、承認のイデオロギー的な形式と正当な形式とを区別することで答えようとする。新自由主義のもとで、新しい価値特性を当事者たちが実現しうるための実質的な前提――新しい法や再分配の方法――を構造的に満たすことができないならば、その承認はイデオロギーである。「労働起業家」の概念はたんに、労働の「柔軟化」と規制緩和の要求と非正規雇用などの変容された労働形態を進んで受け入れさせるためだけに用いられているにすぎないのである。

（3）市場の転換――社会的自由か個人的自由か――

このホネットの新自由主義的な労働の転換の根底にあるのは、八〇年代における市場の捉え方のパラダイムチェンジである。つまり、市場を、社会的自由における共同的福祉の前進の場として捉えるのか、個人的利害を最大化する組織として捉えるのか、である。ホネットの理解では、新自由主義的改革において根本的に変化したのは、人々における市場の理解が前者から後者へと根本的に変わったこと、つまり「市場の広範囲な脱社会化」（RF 468）である。

ホネットによれば、経済的市場が新自由主義的利益増大化の命令に従属することによって社会的自由の領域から、純粋な個人的利益の増大を追求する場へと変化して文化的にも捉えられることになった。もし市場が社会的自由の実現の場として捉えられたならば、労働市場は、労働者に満足できる収入をもたらし、十分な資格を持った社会的構成員として承認されることを可能としただろうし、労働市場の改革は、資本主義的経済の社会道徳的見方への幅広い合意に支えられるプロジェクト（RF 465）として理解されただろう。しかし実際に生じた事態は、「市場がもはや、私たちが協働共同体の参加者として共通に責任を持つ社会的組織なのではなく、それぞれ自己責任的な利益最適化を競争する場所となる」（RF 467）ことであった。ホネットはこのように、新自由主義的な市場解釈によって社会的自由が後退したことを、「誤った発展」（RF 468）、「後ろ向きの発展」（RF 468）として捉えている。

2　『社会主義の理念』における資本主義批判

（1）『社会主義の理念』における「社会的自由」[5]

ホネットの『自由の権利』における社会的自由の視点からの新自由主義批判は、『社会主義の理念』において、社会的自由を実現するものとしての社会主義の理念として未来志向的に描き出されることになる。ホネットは、『社会主義の理念』「第二章」の冒頭において、「社会的自由」を、フランス革命の三つの目標「自由、平等、友愛」を調和させるものとして、端的に以下のように規定する。

「それ（社会的自由――引用者）によれば、人間存在は普遍的に共有された欲求という最重要事において個人の自由をそれぞれ自分ひとりで実現することはできず、相互関係を必要とする。ただし、この関係が「自由」だと言えるのは、それが特定の規範的条件を満たす場合のみである。」（IS 51 四七–八）。

人間はその個人的自由を、他者との一定の規範的条件を満たす相互関係――相互的共感を持ち、他者の欲求を理解し肯定し、強制のない仕方で相互に協働しあう関係――においてのみ実現する。このような関係をホネットは、「共同体的な（kommunitär）生活形式」または「社会的なもの」（IS 52 四八）と呼び、たんなる「集団主義（Kollektivismus）」からは区別する。なぜなら、たんなる集団主義において諸個人はその集団に埋没させられるが、社会的自由においては、個人的自由の実現が第一に重要であるとされるからである。しかし、それはまた従来の個人主義からも区別される。なぜなら、それは自由を社会的共同体への一定の種類の参加に依存させるからである。ホネットは、このような立場を「全体論的個人主義」（IS 52 四八）とも呼び、さらに諸個人がたんに「一緒にいること（Miteinander）」ではなく、「互いのためにあること（Füreinander）」と言い換えている。そこでは諸個人は、彼らの能力を、普遍的に共有された意図の相互的実現が強制なく、したがって共感の立場において追求される社会的共同体の構成員としてのみ実現しうるとされる。ここで示されている「社会的自由」の定義は、社会主義の持つ規範的内容を積極的に語ったものである。

（2）初期社会主義の弱点の三つの前提

なぜ、社会的自由を実現するはずの初期社会主義が魅力を失ってしまったのか。ホネットによれば、その理由は、「それらがその成立を一貫して、資本主義的近代化の初期状態の精神的・社会的所与とつながっていたため」（IS 80 七九）による。つまり、初期社会主義の問題点は、もっぱら資本主義的近代化の初期状態——産業革命による技術革新、社会的構造転換、政治改革など——に束縛されているからである。ホネットは、社会主義思想がこの初期状態からもたらされた弱点を以下の三つに分けている。

①社会的自由の経済中心主義的理解

ホネットは、初期社会主義者たちが「社会的自由」における連帯的共同体をもっぱら経済活動の領域に求めたことを、第一の弱点とする。つまり彼らは、社会的自由、つまり「互いのためにあること」の基盤を、社会的に展開する労働のなかで相互協働する生産者の活動に求めた。そしてそのために、資本主義的市場経済の抜本的な革命的転換が必要とされたのである。市場経済の理論においては、構成員が相互に単なる個人として互いを利用しあい、その結果全体の福利が前進すると考える。しかし、マルクスにおいて見出される、資本主義的社会秩序に対するオルタナテティブとして構想されるモデルは、生産者の共通の目標設定が、かれらが相互の欲求を承認しあい意図的に相互のために活動することによって達成される。しかしホネットによればその結果として、初期社会主義者たちは、構成員の共通の意思形成を民主主義的に交渉する新たな政治制度を考えるチャンスを失ったという（IS 58 五五）。さらに、民主的な政治的意思形成に必要なリベラルな自由権も考慮されなくなったのである（IS 64 六一）。

② 変革主体の理解

ホネットは初期社会主義の第二の弱点として、彼らが変革の主体をもっぱらプロレタリアートに求めたことを挙げる。この信念は、初期産業化を背景に生じ、たしかにその時期には、搾取、賃金低下、失業という課題において緊密に団結し資本主義を克服するというプロレタリアートの利害が形成されるかに見えた。しかしここで生じた、社会主義的理念とそれを実現する変革主体との関係は、それが必然的なものとして捉えられたとき、「理論の自己言及的な閉鎖の傾向」(IS 67 六五)、すなわち自己撞着する循環関係を生み出しえた。ホネットはここで、ホルクハイマー、フロムらの初期フランクフルト学派の人々が、第二次大戦前の労働者階級がその階級性から自動的に一定の利害のために団結することはない、という洞察を示したことを「過大評価とまず言えない功績」(IS 69 六七)と呼ぶ。さらにホネットは、戦後の西側先進諸国においてホワイトカラーが増加し「ポスト産業社会」(IS 70 六八)という言い回しが人口に膾炙したとき、社会主義と階級との結びつきは最終的に終わった、と診断する。

③ 歴史の決定論的理解

ホネットが初期社会主義の第三の弱点とするものは、プロレタリアートが革命的実践によって、所与の生産関係を変革し社会主義的生産様式を打ち立てることを、歴史的必然性によって行うという歴史の決定論的な理解である。ホネットによれば、この理解において問題となるのは、「それが直線的な発展という考えによって、歴史の過程とその潜在力についてのあらゆる実験的な扱いを不可能としてしまったこと」(IS 72 七〇)である。初期社会主義には、特徴的な法則的な進歩の思想があったのであり、プロレタリアートが現存する資本主義的生産様式を打倒し中央的計画経済による社会主義的生産様式に至るという歴史必然性についての理解が横たわっている。ホネットが問題とするのは、そのような考え方によれば、ジョン・デューイが提唱したようなさまざまな「社会的実験」(IS 78 七八)さまざまな生産を行い改革を試みる可能性が失われることである。このような歴史必然性の理解に立たなければ、さまざまな生産様式、社会体制、政治体制、社会政策、変革主体の可能性が見えてくるかもしれないのである。

（3）ホネットの社会主義の再構成

ホネットは社会主義の再生のために、主に二つの理論的転回を考える。第一は歴史の発展における個々の社会領域の機能分化を受け入れることであり、第二は歴史的実験主義の導入（IS 163 一六七）である。この第一に関しては、ホネットは、近代的世界において自立した三つの領域として、経済的行為の領域だけでなく、政治的意思形成の領域、そして個人的諸関係の領域を挙げる（IS 164 一六八）。これらの三領域は、ホネットがヘーゲルの「家族、市民社会、国家」の三領域論に触発され、『承認をめぐる闘争』、『自由の権利』へと展開してきたものである。

①経済的行為の領域

ホネットによれば、経済的行為の領域は、実践的に遂行されるさまざまな実験に開かれたものでなければならない。ホネットは特定の経済モデルを、歴史の必然の観点から正当化することを退ける。その際、ホネットが検討の遡上に置くのは、市場、市民社会、民主的法治国家のそれぞれを制御原理とするモデルである。第一の市場モデルは、アダム・スミスの「見えざる手」によって需要供給が調整されるというものであるが、ホネットはその際主体間で相手に対する共感が前提されていることを指摘する（IS 95 九六）。第二の市民社会モデルにおいては、民主的な共同体の構成員が自主的に労働を組織し管理するというものである。第三の民主的法治国家モデルでは、市民が民主的な意思形成によって、福祉国家に生産過程を管理させるという。ホネットはこの市場経済をもとにした三モデルがすべて、社会的自由の構想のために開かれているとし、どれが優れているかは社会的実験によって決せられるべきとする。おそらく実質的には、これら三モデルの混淆のなかから新しい体制が模索されるのだろうし、それらは「市場社会主義的」（IS 117 一二〇）という表現で括られるのかもしれない[6]。

②政治的意思形成過程

この領域こそ、経済に集中していた初期社会主義に欠けていたとされるものである。この領域では、人々が日常的コミュニケーションを行い世論という合意を形成する民主主義的公共圏、さらにその合意をもとに民主的法治国家においてフォーマルな立法を行う過程・制度までもが含まれる。それでは、ホネットがこの領域を導入した必要性と特徴とは何か。第一に、経済的領域においてさまざまな組織的な社会的実験が行われる際に、その成功と失敗の判断の基準を与えるものだからである。その基準を与えるのは、特定の個人や集団ではなく、民主的公共圏における人々たちの熟議であるはずである。ホネットはここで、デューイのプラグマティズムにおける民主的討議の意義を参照している（IS 150 一五五）。第二に、この民主的公共圏には、多種多様な人々が含まれる。そのなかでは、プロレタリアートだけではなくホワイトカラー、サービス産業従事者、さらには社会のなかで様々な形で抑圧された人々などが含まれるだろう。ホネットはそれらの人々を、「民主主義的公共圏に集う市民自身」（IS 152 一五六）と呼ぶ。

③個人的関係の領域

ホネットが導入すべきとする第三の領域は、個人的・私的領域であり、婚姻・愛情・家族・友愛に関するものであり、こんにち一般に親密圏と言われるものである。ホネットによれば、初期社会主義においては、経済的領域に集中することによって、この領域には十分な配慮がなされなかった。具体的には、女性を協働的な生産関係に引き入れることが考えられたにすぎなかった。しかし、実際に重要なのは、抜本的な文化的転換であり、女性を、男性に支配されたステレオタイプのイメージから解放することであり、自由に強制なく自己実現する姿を思い描きそれを表明し実現することを助けることである。

おわりに

本章では、ホネットの「社会的自由」の概念を基軸に、『自由の権利』の新自由主義批判から『社会主義の理念』の再構成までを分析してきた。最後に、ホネットの理論の特徴と今後考えるべきと思われる点を指摘して閉じよう。

第一に、ホネットの理論展開の特徴は、社会的自由を、経済・国家に限定されたものではなく、個人的関係、政治的意思形成過程までをも含んだものとして展開していることである。その新自由主義批判においても、社会主義の理念の刷新においても、この三領域の連携が示されていた。ホネットは、これら三領域に関しては、民主的意思形成の領域に優位を認めたうえで（RF 616）、それぞれが他を補完し合う予定調和的な「有機体モデル」（IS 142 一四五）を提起している。たしかにドイツにおいては、政治的意思形成の領域における民主的公共圏が、他の領域に現れた諸問題をテーマ化し、そのより善き解決策となる政策を制定する形で調和が図られているように見える。それに対して日本におけるように、民主的公共圏が不活発であり、経済圏で格差社会が進行し、すべての問題が親密圏に投げ込まれ全体が機能不全に陥っているように見える場合もある。これら三者の関係がどのように捉えられるべきかについては、より詳細な考察が必要だろう。

第二に、ホネットは、ドイツの戦後の発展を、社会民主主義的時代、市場観の転換、新自由主義的な経済圧力の浸透、他の文化領域への浸透、労働観の転換として整理している。そして、このような市場観の転換から生じた労働の形態変化を、社会的自由の「誤った発展」（RF 468）、「後ろ向きの発展」（RF 468）として捉えている。何人かの論者は、このようなホネットの記述を歴史において目的論を不用意に設定するものではないか、という疑義を表明している(7)。それは、ホネットが歴史における社会的自由の展開を具体的なものとして記述したことによるだろう。それに対しては、社会的自由の発展を、社会権の進展を中心に形式主義的に記述する可能性も考えられるのではないか。

第三に、ホネットのおそらく提起する「市場社会主義」的な経済体制には、多くの検討すべき問題が残されていると思われる。労働力商品—賃金はどう捉えられるのか。市場経済を展開すれば資本蓄積が起こり資本主義化を生じ、ひいては金融資本も登場すると思われるが、その正当性はどこまで許容されるのか。ホネットは、労働起業家への労働観の転換の原因を、市場を社会的自由の観点から協働的なものとして捉えるのではなく、個人的利害の観点からのみ捉えたことに求めていた。その際にも、市場には協働的観点から予め埋め込まれた規範があるということをどのように正当化できるのか、そのような規範があるとしたらそれはどのようなものなのか、市場は社会主義にとってどのような役割を果たすのか、を今後詳細に論じていくことが必要であろう。

注

（1）『自由の権利』における「規範的再構成」については以下参照。日暮「ホネット『自由の権利』における「社会的自由」の境位」（日暮雅夫他編著『現代社会理論の変貌』ミネルヴァ書房、二〇一六年）一六一九頁。

（2）ホネットは、M・ハルトマンとの共著論文「資本主義的近代化のパラドクス」において、新自由主義的革命の特徴を、①福祉国家の保障政策の後退、②株主中心主義的な経営の拡大、③「プロジェクト志向的な」資本主義的精神、ことに起業家的労働者の登場に要約している（IiW 228-30 二五五-七）。

（3）「新自由主義とは何よりも、強力な私的所有権、自由市場、自由貿易を特徴とする制度的枠組みの範囲内で個々人の企業活動の自由とその能力とが無制約的に発揮されることによって人類の富と福利が最も増大する、と主張する政治経済学的実践の理論である」（David Harvey, *A Brief History of Neoliberalism*, Oxford University Press, 2015, p. 2, デヴィッド・ハーヴェイ『新自由主義——その歴史的展開と現在』作品社、二〇〇七年、一〇頁）。

（4）本節においては、『自由の権利』における新自由主義の経済的領域、労働の形態に関する側面のみを取り上げる。『自由の権利』と『私たちのなかの私』においては、新自由主義の自己実現の個人的関係、民主的法治国家における関係も取り上げられている（IiW 235-8 二六三-六）。

（5）この節は、拙稿「社会主義の理念の今日的再構成」（季報『唯物論研究』第一五〇号、二〇二〇年二月二九日発行）をもとに大幅に書き換えた。

（6）ホネットは二〇〇三年に出版されたインタビューでは、「私自身は、経営は自主管理であるが各組織は資本主義的に活動するという構想から出発する特定ヴァージョンの市場社会主義にある種のシンパシーを抱いています」（AW 二二〇）と語っていた。

（7）例えば批判者R・クラーセンは、新自由主義に対抗し市場を規範のなかに再埋め込み化しようとする社会民主的運動と、新自由主義を前進させるティーパーティのような運動の間で、ホネットが前者を選ぶことには根拠が示せていないと考える（Claasen,R., "Justice: Constructive or Reconstructive?", *Krisis, Journal for contemporary philosophy,* 2013, Issue1, www.krisis.eu., p. 29）。

あとがき

この共著の企画が始動したのは、二〇一八年のことであった。私たちは、執筆を依頼するにあたって、次のような趣意書を用意した。

この共著の趣旨は、ハーバーマスやホネットらのテクストにそくして、「批判的社会理論」と総称される一連の知的営為がいかなる社会認識や社会分析の論理を内包し、それが現代社会の批判的分析にいかなる寄与をなしうるのかを明らかにすることにある。

前作（永井彰・日暮雅夫編著『批判的社会理論の現在』晃洋書房、二〇〇三年）の刊行から一五年が経過したが、この歳月のなかで知的世界において次の二つの傾向が明確になってきた。その一つは、人文社会科学のさまざまな分野において相対主義的思考の影響力が増したことであり、もう一つは社会科学全般において社会理論への関心が薄れたということである。

こうした知的世界の布置状況をとらえかえしてみるなら、ハーバーマスやホネットらの知的営為の独自性と意義は、きわめて明白であろう。この共著では、ハーバーマスやホネットらの仕事の到達点を読者に分かりやすく伝えることをつうじて、批判的社会理論というプロジェクトの意義を明らかにしたい。

そして、この共著のタイトルには「今日的可能性」という言葉がふさわしいのではないかと考えた。ハーバーマス理論やホネット理論の独自性を明確に示すだけでなく、その理論が現代社会の喫緊の課題にどのように迫りえているか（アクチュアリテート）を解明したいと考えたからである。私たちは、ハーバーマスやホネットのテクスト読解を続けてきた。続けることによって、ハーバーマスやホネットについての理解は深まってきた。それを形にするだけでも、十分に意義が認められるだろう。だが、ハーバーマスやホネットの理論が批判的社会理論だとするなら、それが本当に批判的社会理論の名に値するのかという観点での検討は欠かせない。現代社会の批判的分析にいかなる点で貢献できているのかという問題意識を持ちつつ、ハーバーマスやホネットの到達点について論じたいというのが本書の構想であった。

幸いにして、この構想には多くの方々から賛同をいただいた。執筆を引き受けていただいた方には、原稿の段階で、さまざまな注文を付けさせていただいた。内容の大幅な変更をお願いしたこともあった。また出版まで、思いのほか時間がかかってしまった。執筆者の方々には、共著の刊行にご協力いただいたことに感謝申し上げるとともに、出版をお待たせしたことについてお詫びを申し上げたいと思う。

序章の作成に関しては、1（1）については永井が、1（2）については舟場が、2については日暮が原案を作成し、編集会議で内容について検討を繰り返した。このような経緯によるため、それぞれのパートには原案作成者のカラーが出ているものと思うが、編者の共同作品である。

この企画が動き出すきっかけは、晃洋書房の西村喜夫さんから、そろそろ次作を考えてみてはいかがですかとお声がけいただいたことだった。出版事情の厳しいなか、このようなお誘いをいただけるとは想像もしていなかった。また坂野美鈴さんには、原稿の詳細なチェックをしていただいた。晃洋書房編集部の方々には、心から感謝申し上げたい。

二〇二二年三月

編　者

人名索引

＊ハーバーマスおよびホネットは除外した.

あ

か

さ

た

な

は

ま

や・ら

事 項 索 引

あ

か

さ

た

な

は

ま

や

ら・わ

主要業績
『市民的自由主義の復権』勁草書房，2015年．
『ハーバーマスを読む』（共著），ナカニシヤ出版，2020年．
『見えない世界を可視化する「哲学地図」』（共著），学芸みらい社，2021年．

箭内　任（やない　まこと）**［第６章］**
現在，尚絅学院大学総合人間科学系人文部門教授．
主要業績
『人文社会情報科学入門』（共著），東北大学出版会，2009年．
『21世紀の哲学史』（共著），昭和堂，2011年．
「政治的自律とUnverfügbarkeit ――ハーバーマスの「法」理解に沿って――」『総合人間学研究』第12号，2018年．

藤井佳世（ふじい　かよ）**［第７章］**
現在，横浜国立大学教育学部教授．
主要業績
『学校という対話空間――その過去・現在・未来――』（共著），北大路書房，2011年．
『人間形成と承認――教育哲学の新たな展開――』（共編著），北大路書房，2014年．
Manabi and Japanese Schooling: Beyond Learning in the Era of Globalisation（共著），Routledge, 2020.

小山花子（こやま　はなこ）**［第８章］**
現在，盛岡大学文学部教授．
主要業績
"Freedom and Power in the Thought of Hannah Arendt: Civil Disobedience and the Politics of Theatre." *Theoria: A Journal of Social and Political Theory*, Volume 59, Issue 133, December 2012.
『観察の政治思想――アーレントと判断力――』東信堂，2013年．
『リアル世界をあきらめない――この社会は変わらないと思っているあなたに――』（共著），はるか書房，2016年．

宮本真也（みやもと　しんや）**［第９章］**
現在，明治大学情報コミュニケーション学部教授．
主要業績
「フランクフルト社会研究所の現在――制度としての「批判理論」の断絶と継承――」『情報コミュニケーション学研究』第16号，明治大学情報コミュニケーション学部，2016年．
「ハーバーマス――労働とコミュニケーション――」『posse』，vol. 37，堀之内出版，2018年．
「『見える』／『見えない』の社会理論―まなざしの前提としての社会的承認をめぐって――」『〈みる〉〈みられる〉のメディア論――理論・技術・表象・社会から考える視覚関係』高馬京子・松本健太郎編，ナカニシヤ出版，2021年．

水上英徳（みずかみ　ひでのり）**［第10章］**
現在，松山大学人文学部教授．
主要業績
「再分配をめぐる闘争と承認をめぐる闘争」『社会学研究』第76号，東北社会学研究会，2004年．
「アクセル･ホネットにおける承認の行為論」『大分県立芸術文化短期大学研究紀要』第46巻，2008年．
「アクセル・ホネットの個人化論」『松山大学論集』第29巻第１号，2017年．

《執筆者紹介》（執筆順，＊は編著者）

＊永井　彰（ながい　あきら）［序章，第１章］
現在，東北大学大学院文学研究科教授.

主要業績

「地域自治の変容と地域ケア・システム――長野県上水内郡小川村の事例――」『社会学研究』第92号，2013年.

「地域社会の自立を考える」東北大学大学院文学研究科出版企画委員会編『「地域」再考――復興の可能性を求めて――』東北大学出版会，2014年.

『ハーバーマスの社会理論体系』東信堂，2018年.

＊日暮雅夫（ひぐらし　まさお）［序章，第11章］
現在，立命館大学産業社会学部教授.

主要業績

『討議と承認の社会理論――ハーバーマスとホネット――』勁草書房，2008年.

『現代社会理論の変貌――せめぎ合う公共圏――』（共編著）ミネルヴァ書房，2016年.

『アメリカ批判理論――新自由主義への応答――』（共編著），晃洋書房，2021年.

＊舟場保之（ふなば　やすゆき）［序論，第２章］
現在，大阪大学大学院人文学研究科教授.

主要業績

『カントと現代哲学』（共編著），晃洋書房，2015年.

「手続きとしての公表性がもつポテンシャリティ」『日本カント研究』，知泉書館，2017年.

「フィヒテにおけるナショナリズムと世界市民法の可能性」『フィヒテ研究』，晃洋書房，2018年.

田畑真一（たばた　しんいち）［第３章］
現在，北海道教育大学旭川校准教授.

主要業績

「ハーバーマスにおける公共」『思想』No. 1139，2019年.

「代表関係の複数性――代表論における構築主義的転回の意義――」『年報政治学』2017（I）.

ヤン＝ヴェルナー ミュラー『憲法パトリオティズム』（共監訳）法政大学出版局，2017年.

『政治において正しいとはどういうことか――ポスト基礎付け主義と規範の行方――』（共編著），勁草書房，2019年.

久高將晃（くだか　まさあき）［第４章］
現在，琉球大学人文社会学部教授.

主要業績

“Ist das Fallibilismusprinzip widersprüchlich? Über den Einwand der Transzendentalpragmatik gegen den Fallibilismus”, in: W. Kellerwessel et al. (Hrsg.), Diskurs und Reflexion, Königshausen & Neumann, 2005.

「討議倫理学の根拠付け可能性――討議倫理学は道徳規範を根拠付けることができるのか？――」『倫理学年報』第65集，2016年.

「討議倫理学の適用可能性――討議倫理学の道徳原理は現実の問題状況に適用可能か――」『哲學』第67号，2016年.

小山　裕（こやま　ゆたか）［第５章］
現在，東洋大学社会学部准教授.

批判的社会理論の今日的可能性

2022年6月20日　初版第1刷発行　　＊定価はカバーに表示してあります

編著者　永井彰
日暮雅夫©
舟場保之
発行者　萩原淳平
印刷者　河野俊一郎

発行所　株式会社　晃洋書房
〒615-0026　京都市右京区西院北矢掛町7番地
電話　075(312)0788番(代)
振替口座　01040-6-32280

装丁　野田和浩　　印刷・製本　西濃印刷㈱
ISBN 978-4-7710-3615-4